DIARIO
EL CORAZÓN DE DAVID

Lidereando Con Vision, Pasion y Sabiduria.

VOLUMEN 1

by David Mayorga

Publicado Por

SHABAR PUBLICATIONS
www.shabarpublications.com

La mayoría de los productos de Shabar Publications están disponibles con descuentos especiales por cantidad para compras al por mayor con fines promocionales, recaudación de fondos y educativos. Para más información, escriba a Shabar Publications a mayorga1126@gmail.com.

Diario El Corazón De David, Volumen 1
Liderando con Visión, Pasión y Sabiduría
por David Mayorga

Publicado por Shabar Publications
3833 N. Taylor Rd.
Palmhurst, Texas 78573
www.shabarpublications.com

Este libro o partes del mismo no pueden reproducirse en ninguna forma, almacenarse en un sistema de recuperación ni transmitirse en ninguna forma por ningún medio (electrónico, mecánico, fotocopia, grabación u otro) sin la autorización previa por escrito del editor, salvo lo dispuesto por la ley de derechos de autor de los Estados Unidos de América.

A menos que se indique lo contrario, todas las citas bíblicas provienen de la Nueva Versión King James de la Biblia. Copyright @ 1979, 1980, 1982 por Thomas Nelson, Inc., editores. Usado con autorización. Copyright @ 2017 por David Mayorga
Todos los derechos reservados

ISBN: 978-1-955433-36-5

Contenido

Prefacio 6

Capítulo 1: ¿En Qué Te Estás Convirtiendo En Este Proceso? 8

Capítulo 2: ¡Deja Que Otros Duerman y Se Adormezcan, No Tú! 10

Capítulo 3: ¡La Mejor Manera de Proteger Tu Corazón y Tu Mente! .. 12

Capítulo 4: ¡No Se Asusten, Ni Por Un Instante! 15

Capítulo 5: ¡Deja de Desear y Empieza a Actuar! 18

Capítulo 6: ¡Secretos Para la Abundancia! 21

Capítulo 7: ¡Constructores de Puentes! 24

Capítulo 8: La Tormenta Está Aquí: ¿Cómo Reaccionarás? 26

Capítulo 9: Tu Diseño Creado por Dios:
¡El Fuego Detrás de Tu Pasión! 28

Capítulo 10: La Visión de Dios:
¡El Fuego Detrás de un Estilo de Vida Intencional! 30

Capítulo 11: ¡Para Que Sepáis! 33

Capítulo 12: ¿No Hay Resultados? ¿Por Qué No? 36

Capítulo 13: ¿Por Qué Se Han Conformado Con Tan Poco? 39

Capítulo 14: ¡El Valor de un Cielo Abierto! 42

Capítulo 15: ¡Un Rostro Iluminado! 45

Capítulo 16: Grandeza Mundana vs. Grandeza del Reino 48

Capítulo 17: ¡Entren en Su Reposo!
Aprendiendo a Escuchar los Susurros del Espíritu 49

Capítulo 18: ¡Piedras Lisas! 54

Capítulo 19: ¡El Increíble Beneficio de Dejar Ir! - Parte 1 57

Capítulo 20: ¡El Increíble Beneficio de Dejar Ir! - Parte 2 60

Capítulo 21: ¡El Increíble Beneficio de Dejar Ir! - Parte 3 63

Capítulo 22: ¡El Esplendor de Sus Pensamientos! 66

Capítulo 23: ¡No Desperdicies Las Innumerables Posibilidades
Que Se Esconden en Las Palabras de Dios! 70

Capítulo 24: ¿Navidad o Más de Cristo? 73

Capítulo 25: ¡Llamando la Atención de Dios! 75

Capítulo 26: ¡Cree con el Corazón y Hazlo! - Parte 1 78

Capítulo 27: ¡Cree con el Corazón y Hazlo! - Parte 2 80

Capítulo 28: ¡Cree con el Corazón y Hazlo! - Parte 3 83

Capítulo 29: ¡Con Razón los Orgullosos Nunca Ganan! 86

Capítulo 30: ¡Vacilación impía! 89

Capítulo 31: ¡Hace Mucho Viento! 92

Capítulo 32: ¿Eres Consciente de lo Que Dios
Está Haciendo en Tu Vida? 96

Capítulo 33: ¡Un Retrato del Siervo Perezoso! 99

Capítulo 34: ¡La Inmensidad de Dios! 102

Capítulo 35: ¡Se Necesita Una Sola Cosa! 104

Capítulo 36: ¡El Secreto del Crecimiento! 107

Capítulo 37: ¿Estás Demasiado Ocupado Para Adorar? 110

Capítulo 38: ¡Despierta! La Clase Está en Sesión..................... 113

Capítulo 39: ¡No te dejes impresionar por lo que ves! 116

Capítulo 40: ¡Dios Nos Traerá de Vuelta! 119

Capítulo 41: Cuando Las Cosas Buenas
Empiezan a Llegar ¡a Montones! 122

Capítulo 42: ¡Cuidado con el Espíritu de Letargo! 125

Capítulo 43: ¡El Diligente! 128

Capítulo 44: ¡El Jacob Que Todos Llevamos Dentro! 131

Capítulo 45: ¡Prospera Donde Estás Ahora! 134

Capítulo 46: ¿Por Qué Me Siento Conmovido?..................... 137

Capítulo 47: ¡Por Qué Dios Quiere Llevarte de Paseo! 139

Capítulo 48: ¡Sigue la Imagen de Dios Para Ti! 142

Capítulo 49: ¡Sigan Firmes Hasta Que Dios Intervenga! 144

Capítulo 50: El Arte de Escuchar Diligentemente
¡El Sonido que Instruye! 147

Capítulo 51: ¡La Casa de Dios! 149

Capítulo 52: ¡Al Camino! 152

Para Mas Libros 156

Prefacio

"También escogió a David, su siervo, y lo tomó del redil; de detrás de las ovejas paridas lo trajo para pastorear a Jacob, su pueblo, y a Israel, su heredad. Así los pastoreó conforme a la integridad de su corazón, y los guió con la destreza de sus manos." (Salmo 78:70-72)

Cuando comencé a escribir este libro, lo hice con el propósito de proporcionar y facilitar verdades bíblicas prácticas y cotidianas que inspiraran y motivaran a los siervos de Dios en todos los ámbitos de su vida.

Habiendo servido a Jesús durante al menos 30 años de mi vida y participando en el ministerio de la Palabra para equipar y capacitar a los siervos de Dios, no tardé mucho en darme cuenta de que una de las mayores necesidades en el cuerpo de Cristo es la practicidad.

La mayoría de los creyentes tienden a caer en la complacencia y se enamoran de la idea de simplemente "recibir" del ministerio al que están sometidos.

Después de las reuniones de la iglesia, los creyentes tienden a dejar la espada y el escudo y se dirigen sin preparación al trabajo, sin saber cómo luchar y poseer todo lo que Dios tiene para ellos.

Una vez escuché a un hombre decir que los creyentes eran "tan espirituales que no servían para nada en la tierra". Por lo que he visto y oído personalmente, esta afirmación no podría ser más acertada.

En la época en que vivimos, la iglesia se jacta a viva voz de cuánto ora, ayuna y estudia la Palabra de Dios. Sin embargo, en medio de toda esta jactancia, debo preguntarme: ¿dónde está el poder y el testimonio de la vida de Jesús obrando en nuestras vidas, hogares, vocación y ministerios? Con este sentimiento me dirijo a ustedes en estos escritos, brindándoles revelación, conocimiento y la verdad actual para nuestra vida diaria.

Sigo creyendo que nosotros, como creyentes, somos responsables de comprender a Dios mediante la oración y el ayuno; somos responsables de escuchar su voluntad y obedecer con prontitud y vivir la revelación que Él nos ha dado.

Finalmente, mediante el quebrantamiento de corazón y la contrición de espíritu, debemos liberar la gloria que Dios ha depositado en nosotros hasta que «la tierra se llene del conocimiento de la gloria del Señor, como las aguas cubren el mar» (Habacuc 2:14).

Que el Señor use estos escritos para enriquecer, empoderar y permitir que su vida tenga un caminar más fructífero con Jesús.

David Mayorga, *Autor*

1

¿En Qué Te Estás Convirtiendo En Este Proceso?

"La palabra del Señor vino a Jeremías, diciendo: "Levántate y baja a casa del alfarero, y allí te haré oír mis palabras". Luego descendí a casa del alfarero, y he aquí que él estaba trabajando en el torno. Y la vasija de barro que había hecho se echó a perder en la mano del alfarero; y la volvió a hacer en otra vasija, según le pareció bien al alfarero." (Jeremías 18:4)

Decir que la mayoría de los seres humanos no enfrentamos problemas, pruebas, dificultades ni oposición en la vida sería quedarse corto. La mayoría lidiamos con diversas situaciones, a veces simultáneamente. La adversidad es quizás una de las mejores herramientas para desarrollar la personalidad natural; es una de las principales herramientas de Dios para separar a los hombres de los niños y a las mujeres de las niñas.

En la adversidad, todos tendremos muchas oportunidades de ser más significantes y descubrir cuán frágiles, débiles y necesitados podemos ser. Entonces, mi pregunta es: ¿en qué te estás convirtiendo en el proceso de la adversidad? ¿Cuál es la función que cumples en tu vida? Evaluemos.

Primero, analicemos el proceso con más detalle. El proceso es el sistema que nuestro Creador ha establecido para el desarrollo personal. Es aquello que revela quiénes somos. ¿Has visto alguna vez a un alfarero trabajando? Normalmente, un alfarero toma arcilla y la mezcla con agua para formar algo valioso. Sí, el alfarero la convertirá en una taza, un plato o un recipiente útil con tierra y humedad.

Ahora, imagina la arcilla transformándose en algo precioso en el torno. El torno gira: se vierte agua sobre la arcilla para mantenerla flexible y fácil de trabajar. El alfarero sabe exactamente hacia dónde se dirige con este proyecto, pero la arcilla no sabe dónde ni en qué se está convirtiendo. Esta es a menudo la sensación que tenemos cuando nuestra vida parece dar vueltas. ¿Te ha pasado?

La gente viene y nos pregunta: "¿Cómo estás?" La mayoría decimos que "vamos bien", incluso cuando no es así. Como arcilla sentada en el torno del alfarero, hacemos todo lo posible por no quejarnos, por quedarnos quietos y por orar a Dios para no hacer ninguna locura durante el proceso. El secreto de los campeones reside en su visión de futuro. Ven al alfarero trabajando y se disciplinan para el largo camino. ¡Qué secreto tan increíble! Creen que sus vidas se están desarrollando y, por lo tanto, se aferran con firmeza, confiando en Dios el resultado.

Permíteme preguntarte: "¿En qué te estás convirtiendo en este proceso?". ¿Estás sufriendo actualmente un círculo vicioso de derrotas y desalientos? ¿Te has vuelto mejor o te has amargado por las interminables vueltas que has dado en el torno? ¿Puedes ver la mano del alfarero trabajando con tanta intensidad en tu vida, haciéndote reflexionar más profundamente, ser más disciplinado al vivir y enfocarte más en tu filosofía de vida? ¿Te estás transformando en algo más valioso?

Esto es lo que he descubierto: Si permites que el proceso te quebrante, te refine y te añade valor, ¡entonces, y solo entonces, valdrás mucho más que el oro! Confía en el proceso y alcanza la grandeza. La gente vendrá a buscarte consejo no por lo que has hecho, sino por lo que te has convertido. Neh'enah.

2

¡Deja Que Otros Duerman y Se Adormezcan, No Tú!

"Yo amo a los que me aman, y me hallarán los que me buscan con diligencia." (Proverbios 8:17)

Hay un hábito particular que las personas exitosas comparten; este fortalece sus vidas y afecta cada aspecto de su personalidad. ¿En qué consiste esta práctica? Se llama diligencia. La palabra hebrea para diligencia es Shachar, que significa "mirar con anticipación".

Las Escrituras están llenas de la palabra diligencia o diligentemente. Es una palabra que denota un movimiento ligado al sacrificio. El Señor reconoce a los diligentes y revela los resultados de una vida comprometida.

¿Por qué algunas personas están ascendiendo hacia el éxito en sus propias vidas, mientras que la tuya parece haberse estancado durante los últimos meses o incluso años? ¿Has notado que algunas cosas que has intentado lograr no te resultan fáciles, mientras que para otros las cosas parecen suceder de forma natural y a la velocidad de la luz?

Me refiero a este tipo de persona que aprendió a escalar, trabajar, estudiar y sacrificarse un poco más que sus compañeros y ahora está cosechando los frutos. «Mientras otros dormían», él escalaba la montaña.

¿Qué hace a una persona de este calibre tan extraordinaria? ¡La diligencia!

Una persona se vuelve extraordinaria gracias a su diligencia. Una persona diligente toma decisiones basadas en una sólida filosofía de vida. Como mencioné, «mientras otros duermen», él trabaja. Dos preguntas me vienen inmediatamente a la mente cuando pienso en una persona así: ¿Por qué y Cómo?

Primero, abordemos el «por qué».

La mayoría de los campeones se mueven por una visión del futuro de cómo podría ser la vida si tan solo se lanzaran y marcaran la diferencia. Tienen tanta pasión y pasión en sus corazones que dormir sería una completa pérdida de tiempo. Sin embargo, dormir es necesario para reponer la mente y el cuerpo. Así que se comprometen y se vuelven creativos. Se despiertan temprano por la mañana y comienzan a vivir esa visión que arde en su interior. Podrás encontrarlos por su canto alrededor de las 4 o 5 a.m. Sí, mientras otros duermen.

Si les preguntaras: "¿Por qué te levantas tan temprano?", te responderían: "¡Si supieras lo que hago, tú también te levantarías temprano!". Viven en un mundo de visión y creatividad, pero se mantienen firmes en su propósito de vida.

Lo segundo es el "cómo".

¿Qué inspira a estos campeones a hacer un poco más que otros? Lo que los motiva es el "por qué" de sus acciones y el "cómo" para lograrlo. La creatividad es una parte importante de los campeones exitosos; han desarrollado el hábito de ser creativos. Buscan formas innovadoras de generar un impacto significativo.

Como puedes ver, estos campeones no son solo seres humanos comunes: les apasiona la vida, el propósito y generar un impacto positivo en el mundo. Así que, mientras otros duermen, estos campeones dedican su tiempo a ser creativos.

¿Te sorprende su éxito? ¿Aún te preguntas por qué viven vidas más plenas? ¿Te preguntas por qué viven vidas más felices? Deja de preguntártelo. Recuerda: Mientras otros dormían, ellos se esforzaban por levantarse en la noche. Neh'enah

3

¡La Mejor Manera de Proteger Tu Corazón y Tu Mente!

"No se inquieten ni se angustien por nada; más bien, en toda circunstancia y en todo, mediante la oración y la súplica (peticiones concretas), con acción de gracias, continúen presentando sus necesidades a Dios. Y la paz de Dios [será suya, ese estado tranquilo de un alma segura de su salvación por medio de Cristo, y por lo tanto sin temer nada de Dios y contenta con su suerte terrenal, sea cual sea, esa paz], que sobrepasa todo entendimiento, guarnecerá y custodiará sus corazones y mentes en Cristo Jesús." (Filipenses 4:6-7 NVI)

Durante mi reciente meditación y estudio, descubrí uno de los secretos más poderosos para un corazón y una mente sanos. Pablo estaba preso en Roma y enviaba a los filipenses una poderosa carta de aliento. Las palabras que encontré son la mejor medicina para el alma ansiosa, preocupada y atribulada. Mientras meditaba sobre qué escribir esta mañana, recordé mi visita al quiropráctico y cómo me explicó con detalle por qué me dolía tanto el cuerpo y cómo mis nervios y músculos estaban constantemente doloridos. Trató mi cuerpo alineando mi estructura esquelética y otros problemas relacionados. Mi visita fue muy fructífera y educativa.

Al buscar a Dios, he descubierto que las cosas funcionan de la misma manera en el ámbito espiritual que en el natural. Si nuestro espíritu humano está desorientado o necesita alineación espiritual, nuestra mente (alma) y nuestro cuerpo reflejarán la deficiencia en nuestro corazón.

Lo que Pablo escribe aquí es poderoso, pues enseña a los seguidores de Jesús el secreto para mantenerse sanos en espíritu, alma y cuerpo.

La Escritura dice: «**No se inquieten ni se angustien por nada...**». El apóstol Pablo dice: «**No tengan nada que ver con la ansiedad**».

¿Qué es esta ansiedad de la que habla Pablo? ¿Cómo se infiltra en nuestros corazones y mentes? ¿Es posible vencerla y cómo podemos superarla? Estas son algunas preguntas que intentaré responder en este devocional.

Primero, ¿qué es la ansiedad en este contexto? La tensión varía en grados, desde la preocupación hasta el miedo y el temor, descritos tanto en el Antiguo como en el Nuevo Testamento. En el fondo de la presión se encuentra el culpable, la terrible raíz del miedo.

La mayoría de nosotros hemos experimentado el miedo en diferentes niveles. A algunos les ha costado una buena vida, un ascenso o un mayor desarrollo en su vocación. A otros, el miedo casi les ha paralizado la vida, impidiéndoles alcanzar incluso el triunfo más pequeño.

El apóstol Pablo estaba bien informado sobre los peligros de un corazón ansioso para el creyente y, por lo tanto, nos advierte al respecto.

Ahora bien, ¿cómo se infiltra esta ansiedad en nuestras vidas? Creo que la ansiedad y el miedo se infiltran (basándonos en el contexto de la prisión de Pablo) por la falta de una vida de oración saludable. Cuando hablo de una vida de oración, me refiero a una vida de oración basada en nuestra relación con nuestro Padre celestial. No me refiero a una vida de oración basada en un ritual que nace de la culpa y la vergüenza si no lo practicas. Creo que la vida de oración de la que habla Pablo se relaciona con conocer a Dios profunda y personalmente.

Escuchen la instrucción de Pablo: «**...pero en toda circunstancia y en todas las circunstancias, mediante oración y ruego (peticiones concretas), con acción de gracias, continúen presentando sus necesidades a Dios**. Solo pueden hacer peticiones o demandas reales a alguien con quien tienen una relación (esta es una verdad y un principio apremiantes que debemos seguir). Esto los libera al permitirles transferir sus cargas y depositarlas en nuestro amoroso y cariñoso Padre Celestial. Pedro lo expresó así: «**Echen toda su ansiedad sobre él, porque él cuida de ustedes**» (1 Pedro 5:7).

Después de presentar la petición a los pies de Dios y en tu corazón, sabes que Él te ha escuchado, y entonces una paz celestial, como un río, comienza a fluir en ti. Esto es el resultado de la oración sincera y una relación genuina con Dios Padre.

Pablo añade: «**Y la paz de Dios** [será tuya, ese estado tranquilo de un **alma segura de su salvación por medio de Cristo, que no teme nada de Dios y se contenta con su suerte terrenal, sea cual sea**], **que sobrepasa todo entendimiento, guarnecerá y custodiará tus corazones y tus pensamientos en Cristo Jesús**» (Filipenses 4:7).

La paz de Dios es verdaderamente única. Jesús dijo que no podríamos encontrar la verdadera paz en el mundo. La verdadera paz solo puede venir como una descarga del cielo en tu espíritu. Otra cosa que debemos observar de la paz de Dios es que trasciende todo entendimiento. La paz de Dios no depende de nuestro intelecto ni de nuestra idea terrenal de lo que debería ser. ¡Trasciende nuestras facultades y se deposita en nuestro propio espíritu!

¡Los resultados de un encuentro con el Dios vivo te librarán de la ansiedad y el miedo! Pablo concluye su discurso sobre la ansiedad diciendo: «[La paz de Dios] **guarnecerá y custodiará vuestros corazones y mentes en Cristo Jesús**». Pablo dice que permitir que la paz de Dios ocupe el lugar que le corresponde en ti construirá una guarnición/guardia (un muro protector) alrededor de tu corazón y mente. ¿Lo entendiste? ¡Todo porque tocaste el corazón del Padre! "Gracias, Padre mío, por Jesús, mi Refugio." Neh'enah.

4

¡No Se Asusten, Ni Por Un Instante!

"Y no se dejen intimidar ni intimidar [ni por un instante] **por sus oponentes y adversarios, porque tal** [constancia e intrepidez] **será una clara señal (prueba y sello) para ellos de** [su inminente] **destrucción, sino** [una prueba y evidencia segura] **de su liberación y salvación, y esto de parte de Dios."** (Filipenses 1:28 NVI)

Mientras impartía mi sesión de enseñanza en una de nuestras escuelas bíblicas, me encontré con esta Escritura que me conmovió tan profundamente que sentí que el Espíritu del Señor me decía: "¡Explíquenla, mediten y enseñen a partir de ella!". Con este clamor sincero, me he sentido motivado a dar a conocer este principio de verdad.

Cuando Pablo escribe la carta a los filipenses, está preso en Roma y recibe la visita de varios de sus discípulos de la región de Filipos. No era fácil predicar el evangelio en Filipos, pues había mucha persecución en aquel entonces. Durante todo este caos, el evangelio de Cristo avanzaba con fuerza.

Tras animarlos en su carta a ser valientes y a luchar juntos como un ejército por el evangelio, añadió: «Y no se dejen intimidar ni por un instante por sus adversarios...».

Para las personas de fe, los siervos que caminan y viven en el poder del reino de Dios, el Señor dice: "¡No se dejen intimidar por sus oponentes o adversarios!". El enemigo capta el mensaje simplemente mostrando su valentía y escapándose.

Creo que Dios les dice a quiénes son guiados por el Espíritu de Dios: Anden en su poder, permanezcan en su presencia y corran con su propósito. En el momento en que dudemos, temamos o nos rindamos a las mentiras del diablo, sucumbiremos a él y a sus tácticas.

El miedo solo nos paraliza y nos vuelve impotentes en el liderazgo. ¡No podremos liderar desde atrás! ¡El miedo, la duda y la incredulidad son enemigos del destino de Dios para nuestras vidas!

Permítanme explicar esto brevemente:

Anden en Su Poder. Dios ha llamado a sus hijos a andar en Su poder, el poder del Espíritu. Aquí es donde se descarga la sabiduría celestial y las gloriosas ideas del trono de Dios se abren camino en nuestros corazones. Podemos descansar en Sus brazos una vez que escuchamos lo que Dios dice sobre nuestra vida, ministerio o negocio. La inquietud significa no dormir en la provisión infinita e ilimitada de Dios.

Permanezcan en Su Presencia. Permanecer en Su presencia es una decisión deliberada. Podemos ascender al monte de Dios mediante la oración y permanecer en Él. Podemos entrar en el aliento fresco de Dios y experimentar Su gloria tanto como lo necesitemos. No entiendo por qué más creyentes no se unen. No sé por qué la gente no comparte más de Dios en sus vidas. Pero esto es lo que sí sé: si un hombre asciende al monte de Dios, el Señor mismo lo encontrará y le dará seguridad en todas las cosas.

Por último, corran con Su Propósito. Al aprender a caminar en Su poder y permanecer en Su presencia, tendremos la claridad para ver y conocer todo lo que Dios tiene para nosotros. La gente se ahoga en la oscuridad porque no enciende la Luz. La confusión, la indecisión y la abrumadora desesperación habitan en la oscuridad. Una vez que se enciende la Luz, vendrá la claridad para ver y saber.

Con razón Pablo dijo: «**No tengan miedo, ni por un momento**». El enemigo se aprovechará de su miedo y los paralizará. Con toda su sabiduría, procuren permanecer bajo la sombra del Todopoderoso. Neh'enah

5

¡Deja de Desear y Empieza a Actuar!

"**El que observa el viento** [y espera a que todas las condiciones sean favorables] **no sembrará, y el que mira a las nubes no segará. Por la mañana siembra tu semilla, y a la tarde no dejes reposar tus manos, porque no sabes qué prosperará: si esto o aquello, o si ambas cosas son igualmente buenas.**" (Eclesiastés 11:4, 6)

Al reflexionar sobre mis metas y su importancia, comencé a pensar en la frecuencia con la que las personas pasan por alto el valor de su vida actual, hacia dónde se dirigen o si lograrán un progreso significativo. En mi opinión, esta mentalidad es preocupante.

¿Has estado alguna vez en Disney World? ¡Sí, el lugar donde los sueños se hacen realidad! Al menos, esa era la visión del Sr. Walt Disney para el parque. La cultura que se encuentra en este parque familiar (y ahora no tan familiar) está llena de sueños. Desde el momento en que entras, te bombardeará la idea de sueños hechos realidad. Lo enfatizan una y otra vez.

Una vez que lo hayas experimentado, realmente creerás que nada es imposible de lograr. Es realmente inspirador. Al mismo tiempo, también te darás cuenta del esfuerzo que requiere convertir esta idea o visión en realidad.
Por mucho que creas en un sueño, una visión o un plan, debes elevar tu vida asumiendo la responsabilidad. Ser responsable de tu objetivo significa comenzar a vivir un estilo de vida consciente.

¿Qué es un estilo de vida consciente?

Un estilo de vida inconsciente es aquel que dice: "¡Tengo un sueño! ¡Me veo haciéndolo realidad! ¡Oh! ¡Cómo desearía que estuviera sucediendo ahora!" Un estilo de vida inconsciente cree en el sueño, pero, en lugar de asumir la responsabilidad de hacerlo realidad, solo desea. "¡Ojalá esto sucediera!", "¡Ojalá eso sucediera!" o "Si las cosas fueran diferentes, podría hacer esto o aquello". ¿Has oído a la gente hablar así? Tal vez te hayas sentido culpable de pensar y hablar así.

Un estilo de vida inconsciente significa vivir en la pobreza en diversas áreas de la vida. No me refiero al dinero ni al estatus social cuando hablo de pobreza. Más bien, me refiero a esto: si vives la vida sin ser consciente, tus recompensas o ganancias se mantendrán en cero. Me refiero a la pobreza en diferentes aspectos, como las relaciones, la salud, la carrera o vocación, la situación financiera, el bienestar espiritual y emocional, y más.

Si quieres que tu visión se haga realidad, ¡debes abandonar el "país de los deseos"! Necesitas adoptar un estilo de vida consciente y asumir la responsabilidad de convertir esta visión en realidad. Muchas cosas cambiarán al despertar y al acostarse, incluyendo las oportunidades que percibes, aprender a decir "no" a ciertas cosas e invertir en algo que agregue valor a tu vida, entre otras.

Entonces, ¿qué es un estilo de vida consciente? Esta forma de vida implica aplicar intencionalmente principios clave de vida todos los días para alcanzar el éxito.

Entiendo que algunas personas piensan que la vida sucederá sin importar lo que hagan. La verdad es que sí, la vida sucederá contigo o sin ti. La única diferencia es que puede que no te guste lo que obtengas a cambio. Te arriesgas a compadecerte de ti mismo y a ser muy infeliz el resto de tu vida. Si no me crees, mira a tu alrededor. Pronto verás a alguien quejándose del trabajo, una relación, una oportunidad, una decisión o cualquier otra cosa.

¿Alguna vez has tenido una visión, pero nunca has asumido la plena responsabilidad por ella? ¿Has visto a alguien visualizar el futuro y luego hacerlo realidad? La diferencia radica en que quien asume la responsabilidad a menudo se convierte en el dueño o líder, mientras que quien la evita termina bajo la influencia de quien la asumió.

Ahora trabajas según la visión de otra persona y te disgusta. ¿A quién podemos culpar? ¿Podemos culpar al jefe? ¿Deberíamos? ¿Es su culpa que no estés contento? ¿No sería mejor mirar hacia dentro y decir: "¡Debería seguir adelante con mi visión!". No cambiarás tu situación de la noche a la mañana, pero sí cambiarás tu rumbo al tomar la decisión correcta. Con el tiempo, alcanzarás el objetivo deseado.

La magia siempre ocurre cuando empiezas a vivir según lo que ves. Con el tiempo, la gente —familiares, amigos, compañeros de trabajo, incluso tus enemigos— notará tu estilo de vida intencional. Así es como vives responsablemente en cada aspecto de tu vida, practicando principios fundamentales, y todo encajará.

Para terminar, no te impacientes si los resultados no llegan tan rápido como deseas. No actúes de forma tonta ni infantil: ¡el crecimiento es un proceso! Todo lo valioso siempre lleva tiempo. ¡A este arte lo llamo logro lento y constante! Acostúmbrate. Es la vida de la consciencia. Neh'enah.

6

¡Secretos Para la Abundancia!

"Nadie te podrá hacer frente en todos los días de tu vida; como estuve con Moisés, estaré contigo. No te dejaré ni te desampararé. Sé fuerte y valiente, porque a este pueblo le darás en herencia la tierra que juré a sus padres que les daría. Solamente sé fuerte y muy valiente, para que cuides de hacer conforme a toda la ley que mi siervo Moisés te mandó; no te desvíes de ella ni a la derecha ni a la izquierda, para que prosperes dondequiera que vayas." (Josué 1:4-7)

A menudo, las personas no se dan cuenta de por qué sus vidas no están donde quisieran, mientras que otros marcan la diferencia con poco esfuerzo.

En la mayoría de los casos, lo que nos distingue de los demás es poco. Todos compartimos una educación básica similar de una forma u otra. La mayoría tenemos acceso a bibliotecas, libros, CD, DVD, internet, redes sociales y más. Podemos construir una red de personas a nuestro alrededor, incluidas personas espirituales, exitosas, ricas e inteligentes.

Aunque nos rodean muchas grandes oportunidades de progreso, ¿por qué tantos siguen en la misma situación que el año pasado o incluso hace tres años? Si todos tenemos el mismo acceso a la información necesaria para el éxito, ¿por qué no lo alcanzamos más? ¿Te supone un reto? ¡Ojalá que sí!

Entonces, ¿cuál es la diferencia?

La diferencia entre las personas que triunfan y las que no suelen reducirse a tres factores principales: visión, estrategia y perseverancia.

La visión es la capacidad de ver con el corazón. Ver una imagen de tu futuro es esencial para cualquier progreso en la vida. Sin visión, la vida se estanca. Sin visión, la vida pierde su sentido y motivación para crecer. Sí, hay gente que perece por falta de visión. Ahora bien, la visión por sí sola no te llevará a la meta. Pero sí puede poner tu vida en movimiento.

El siguiente tema es la estrategia. ¿Qué es exactamente la estrategia? Es una lista de objetivos que te comprometes a alcanzar para alcanzar tu visión inspirada por Dios. No importa cuántos planes tengas que seguir, ¡anótalos y cíñete a ellos! Sin una estrategia, es improbable alcanzar el resultado deseado. Simplemente no sucederá. Quienes tienen una estrategia clara suelen ser dueños de negocios; tienden a llevar vidas más plenas y plenas. También son quienes cambiarán e influirán en el mundo. ¡Tú podrías ser el próximo! Quienes escriben objetivos deben honrarlos; de lo contrario, no serán efectivos.

Y finalmente, tenemos la perseverancia. El diccionario ofrece una valiosa perspectiva sobre esta palabra. Solo escuchen esto: Perseverancia: persistencia constante durante la acción, con un propósito o en un estado específico, especialmente a pesar de las dificultades, los obstáculos o el desánimo. La determinación marcará una diferencia significativa al perseguir tu visión con un enfoque estratégico.

Permítanme también señalar que la perseverancia es principalmente una mentalidad y una actitud, más que un don o un talento. A medida que la visión en tu corazón se despliega ante ti y escribes los objetivos necesarios para alcanzarla, la perseverancia se aferrará a estos elementos y perseverará hasta que la visión se haga realidad.

¿Acaso la perseverancia se detiene o pausa alguna vez? ¡Sí! Solo lo hace después de alcanzar su objetivo.

Al finalizar esta devoción, escuchen mi corazón: Puedes perseguir tu visión y estrategia, y seguir adelante hasta que tu sueño se haga realidad.

Por supuesto que puedes tener éxito. ¡Puedes cambiar el mundo cambiando primero tu propio mundo! Neh'enah.

7

¡Constructores de Puentes!

"Después de muchos días, los judíos conspiraron para matarlo. Pero Saulo supo de sus asechanzas, y vigilaban las puertas día y noche para matarlo. Entonces los discípulos, tomándolo de noche, lo bajaron por el muro en una canasta." (Hechos 9:23-25)

Cualquiera que haya tenido éxito en algo te dirá que no lo logró solo. Si es honesto, admitirá que alguien lo ayudó en el camino. Pudo haber sido un padre, un amigo, un entrenador, un maestro o un profesor; incluso pudo haber sido un ángel de Dios. A todos los que han contribuido a tu éxito, los llamo constructores de puentes.

Los constructores de puentes suelen ser personas desinteresadas que se alegran de ver a otros triunfar en sus proyectos. Es raro encontrar personas que realmente se preocupen por tu crecimiento y tus logros.

Resumiré algunas características que posee un constructor de puentes. En mi experiencia, estos son elementos esenciales para construir puentes.

Los constructores de puentes son personas que disfrutan viendo a otros triunfar en la vida. Quieren que los demás alcancen su máximo potencial. Confían en su vocación y no temen invertir en el crecimiento de los demás.

Los constructores de puentes tienen la visión de ayudar a otros a alcanzar sus sueños. Creen en los sueños de los demás y se esfuerzan por apoyarlos para que alcancen sus metas. Cuando alguien con una visión se estanca, el constructor de puentes elegirá palabras que animen, afirmen, empoderen y motiven al soñador a seguir adelante hasta que vea su sueño hecho realidad.

Los constructores de puentes tienen una perspectiva de la vida mucho más significativa que la suya propia. Ven el panorama general y reconocen un sinfín de posibilidades. La mayoría de las personas tienden a fracasar por ambiciones egoístas. Se desmoronan ante los obstáculos y se derrumban bajo presión debido a sus afanes egoístas, pero los constructores de puentes no.

Los constructores de puentes son personas de fe y determinación. Como visionarios por naturaleza, ven con claridad lo invisible. Alcanzar los deseos de su corazón no es difícil porque creen en lo que ven. Así, perseveran hasta que sus metas se hacen realidad.

Todos necesitamos constructores de puentes en nuestras vidas. Eso es lo que significa construir un puente. Puede ser un concepto, una verdad, una sola palabra o un simple gesto o acción hecha por ti; puede ser todo lo que necesitas y puede cambiar tu vida para siempre.

Al finalizar esta devoción, quiero que se tomen un momento para reflexionar sobre a cuántas personas han ayudado construyendo puentes en su vida. Si aún no han ayudado a alguien a pasar de un punto a otro, aún están a tiempo; aún pueden convertirse en constructores de puentes. Nada es más gratificante.

Amigos, comiencen a construir puentes si aún no lo han hecho. ¿Te imaginas a alguien el día de tu funeral poniéndose de pie y hablando de ti con lágrimas en los ojos y el corazón roto? "¡Él era un puente! ¡Nunca volví a ser el mismo después de conocerlo!".

A Dios sea la honra, la gloria y el poder por los siglos de los siglos. Neh'en-ah.

8

La Tormenta Está Aquí: ¿Cómo Reaccionarás?

"Y después de subir a la barca, sus discípulos lo siguieron. Y de repente, se desató en el mar una violenta tormenta, de modo que las olas cubrían la barca, mientras él dormía. Y fueron y lo despertaron, diciendo: ¡Señor, líbranos y sálvanos! ¡Estamos pereciendo!" (Mateo 8:23-25 NVI)

Durante las últimas semanas, he estado reflexionando sobre el carácter y lo que califica a alguien para ser un líder. Una de las características más notables de los desarrolladores es cómo manejamos la adversidad.

Adversidad es otra palabra para las pruebas, las pruebas o cualquier conflicto que impida tu progreso. Muchas personas creen que pueden superar cualquier cosa y a menudo se jactan de cómo superar las adversidades. Pero eso es hasta que la prueba los golpea.

Nada expone el bienestar emocional, espiritual y físico de una persona como una feroz tormenta de pruebas. Cuando se trata del verdadero carácter, las palabras son baratas. Toda promesa que hemos hecho carece de sentido hasta que se cumple. La gente suele hablar demasiado y hacer muy poco.

Un hábito que determina si serás un activo para alguien o algo es mantener el rumbo. ¿Puedes mantenerte firme cuando te zarandean? ¿Serás el último en pie incluso si todos abandonan el proyecto? No te pido que lo hagas por nadie más, hazlo por ti mismo.

Muchos naufragios en la vida real, ya sea en las relaciones, la gestión, la administración, la búsqueda de tu visión o la guía de un equipo, ocurren debido a un desarrollo deficiente del carácter. Las personas tienden a seguir a líderes que carecen de buen carácter o no lo tienen.

Para concluir, imagina esta situación: eres el capitán de un gran barco y todos a bordo confían plenamente en ti. Dejas el puerto y, poco después, te encuentras en medio de una fuerte tormenta. El barco comienza a balancearse violentamente y los pasajeros se ponen muy nerviosos; te miran por el intercomunicador en busca de consuelo. Entonces, ¿qué haces? ¡El capitán eres tú! ¿Qué le dirás?

Piensa en tu matrimonio, tus relaciones, tu negocio, tu ministerio o tu próximo emprendimiento como un barco que navega en un mar tempestuoso. ¿Qué harás? ¿Cómo responderás? ¿Te rendirás y saltarás por la borda, o te aferrarás al timón y dirás: "¡Por la gracia de Dios, puedo lograrlo!"? Recuerda: No desperdicies tus pruebas y tribulaciones en lágrimas. Son y seguirán siendo la educación más valiosa que recibirás en esta vida. Neh'enah.

9

Tu Diseño Creado por Dios: ¡El Fuego Detrás de Tu Pasión!

"Pero ahora, oh Señor, tú eres nuestro Padre, nosotros el barro, y tú nuestro alfarero, y todos somos obra de Tus manos." (Isaías 64:8)

¿Qué es la pasión? ¿De dónde viene? ¿Cómo puedes saber cuándo fluye y cuándo no? Estas preguntas surgen cuando intentamos encontrar nuestro propósito en la vida o ayudar a alguien a alcanzar su máximo potencial.

¿Qué es la pasión? La pasión es como un fuego en el alma. Es como una energía o fuerza poderosa que fluye desde lo más profundo de ti. Ahora bien, ¿de dónde viene? Creo que la pasión se forma cuando una persona se alinea plenamente con el propósito que Dios le dio en la vida.

Por ejemplo, algunas personas creen que están llamadas a ser zapateros. Si alguna vez hablas con un zapatero, ¡enseguida te darás cuenta de que piensa que la zapatería es lo más importante del mundo! No dejarán de hablar de lo maravilloso que es hacer zapatos. Lo mismo es cierto para cualquiera que haya encontrado su propósito en la vida, ya sea plomero, médico, secretario, ministro, mecánico de automóviles, gerente, propietario, carpintero o cualquier otra cosa.

Ahora bien, la pasión puede desvanecerse. ¿Cómo? He aprendido que el poder puede disminuir fácilmente cuando nos desviamos del plan original de Dios. ¿Te imaginas un pez en el agua, feliz y lleno de vida? Ahora, imagina ese mismo pez fuera de su entorno. Supongamos que lo sacamos del estanque: rápidamente veremos que pierde su alegría, color, propósito y pasión por vivir, y finalmente, morirá. Esto es exactamente lo que les sucede a las personas cuando nos alejamos del propósito y diseño original de Dios.

Hace años, un mentor me regaló un libro que ilustró este tema. En resumen, el autor aconsejaba: «¡Aprende a escuchar a tu corazón! Descubriremos qué nos impulsa cuando le prestemos atención».

Verás, la pasión es una emoción neutral. Podemos sentir pasión por muchas cosas en la vida. Ahora bien, el hombre o la mujer de Dios que desea agradar a Dios siempre debe filtrar sus pasiones para no entusiasmarse con cosas que Dios nunca le dijo que buscara.

En conclusión, la pasión está directamente relacionada con el propósito. Sin alinearnos con el plan de Dios para nuestras vidas, encontrar la pasión se vuelve un desafío. Tendemos a pasar de un proyecto a otro, de una relación a otra, sin experimentar nunca la verdadera satisfacción.

¿Acaso es sorprendente que nuestro mundo actual se sienta tan inestable? Gran parte de nuestro descontento proviene de buscar constantemente cosas que no formaban parte del diseño original de la creación para nosotros.

Realmente veo cómo mi vida comienza a florecer cuando la pasión y el propósito se unen en mi propia vida. Esta pasión no solo se siente en lo profundo, sino que también es visible y experimentada por quienes me rodean.

El mundo sin duda será mejor porque los líderes se entregan al diseño que Dios les dio y encienden sus vidas. Un gran hombre dijo una vez: *«¡Me enciendo a mí mismo e invito a otros a venir a verme arder!»*.

¡Llénate de pasión, y otros también se encenderán! Neh'enah.

10

La Visión de Dios:
¡El Fuego Detrás de un Estilo de Vida Intencional!

"Y para este propósito, fui constituido heraldo y apóstol —digo la verdad, no miento— y verdadero y fiel maestro de los gentiles." (1 Timoteo 2:7)

Si alguna vez te sientes inspirado a hacer algo, debes hacer todo lo posible por lograrlo. Requerirá sacrificios significativos para alcanzar tus metas. Podría costarte tiempo y dinero, e incluso obligarte a abandonar pasatiempos que no se alinean con tu propósito general.

Vivir una vida con propósito significa que has vislumbrado algo más grande; lo has probado, y ahora debes reclamarlo como tuyo. Permíteme compartir algunos consejos que he usado para alcanzar los deseos y sueños de mi corazón.

¡El Progreso Empieza Ahora!

Primero, cuando siento algo en mi corazón, suelo escribirlo. He aprendido a no tomar notas mentales de lo que mi ojo espiritual vislumbra. Lo escribo de inmediato. Las notas mentales tienden a borrarse en cuanto surge una nueva idea. Creo sinceramente que este es un paso vital si quieres ver cualquier visión o sueño hecho realidad.

En segundo lugar, es necesario visualizar lo que se ve y establecer metas específicas para alcanzar esa visión. Tener una idea y escribirla no garantiza resultados; es solo el primer paso. Como diría Stephen Covey: «*Empieza con el fin en mente*». Ver el fin antes de empezar marca la diferencia en si se alcanza la meta.

Finalmente, hay que trabajar con diligencia y perseverar en la consecución de las metas que se han escrito hasta que la visión se haga realidad. ¡Persevera, persevera, persevera! Una vez que la veas y la escribas, debes seguirla.

Un Esclavo de la Visión

Algunas personas nunca alcanzan su potencial porque se rinden demasiado pronto o se desaniman ante los pequeños avances. La persona visionaria siempre se mantendrá comprometida con su visión, viviendo con propósito a lo largo de su vida. Podrías pensar que esto es común para todos; desafortunadamente, no lo es.

Una de las principales razones por las que a algunas personas les cuesta mantenerse enfocadas es que solo tienen ideas sin sustancia. Las imágenes son útiles y están por todas partes. No son ideas lo que a la gente le falta, sino la fuente de donde provienen.

Verás, la mayoría de las ideas se originan en el ámbito del egoísmo. Las declaraciones egoístas a menudo revelan un enfoque subyacente en el individuo y sus intereses. "¿Qué gano yo con esto?" es lo que se preguntan. ¡Es difícil mantener el rumbo cuando el yo es el motor! Para que una idea tenga un impacto duradero, debe estar arraigada en la visión de la persona, no influenciada por factores externos.

Como nota al margen, la visión se alinea estrechamente con el diseño de Dios para ti. Para que haya pasión y fuego en el alma, la idea debe provenir del plan de Dios, no solo de lo que ven tus ojos físicos, sino de lo que perciben tus ojos espirituales.

Todo Se Trata del Diseño de Dios

A medida que nos alineamos más con el diseño de Dios para nosotros, las ideas que provienen de esa fuente son ilimitadas. Así que, proponte descubrir el plan de Dios y podrás vivir con más propósito.

Vivir con propósito contrasta con vivir de forma pasiva, perezosa o irresponsable. Vivir con propósito significa actuar intencionalmente, con la meta de lograr algo. ¡Tu visión te inspirará continuamente! Neh'enah.

11

¡Para Que Sepáis!

"Por eso también yo, habiendo oído de vuestra fe en el Señor Jesús y de vuestro amor por todos los santos, no ceso de dar gracias por vosotros, haciendo memoria de vosotros en mis oraciones, para que el Dios de nuestro Señor Jesucristo, el Padre de gloria, os conceda espíritu de sabiduría y de revelación en el conocimiento de él, alumbrando los ojos de vuestro entendimiento, para que sepáis..." (Efesios 1:15-18)

El apóstol Pablo anhelaba profundamente que la iglesia de Éfeso experimentara el reino de la revelación y tuviera la oportunidad de comprender los misterios de Dios y todo lo relacionado con crecer en su conocimiento.

En este camino de fe, he llegado a comprender cómo Dios nos guía al reino desde un nivel básico, como una lección de kínder, y luego, a través de su Espíritu, comienza a revelar misterios más profundos que influirán positivamente en nuestro andar.

Su Espíritu revela el conocimiento de Dios a nuestro espíritu. Después de recibir la comprensión de Dios, depende de nosotros comprender y aceptar la nueva verdad en nuestras vidas. Así es como se iluminan los ojos de nuestro entendimiento. A través de los ojos de nuestro espíritu, obtenemos una comprensión más profunda de Dios.

Avanzando por Revelación

Mientras estudiaba el libro de Efesios, comprendí mejor cómo Dios guía a sus siervos del punto A al punto B, al menos desde mi punto de vista. Verán, cuando carecemos de conocimiento, no podemos hacer mucho. Pero cuando adquirimos conocimiento y comprensión de cualquier asunto, tenemos la ventaja de liderar.

El liderazgo, por naturaleza, pertenece a quienes pueden ver y comprender. Ver es la base del conocimiento. Una vez que visualizas lo que necesitas saber, la confianza se libera inmediatamente en tu ser interior. Hablar desde la "revelación" conlleva una autoridad diferente a hablar desde el sentido común.

Como siervo del Señor, tienes acceso a la dimensión del reino de Dios. Puedes ascender al trono y esperar en el Señor una revelación fresca sobre cualquier tema terrenal.

Un pasaje de Santiago dice que no tienes porque no pides. Si no podemos liderar eficazmente, probablemente se deba a que no vemos con claridad. Es difícil influir en los demás cuando se juega el papel de cola, no de cabeza. Los líderes no lideran desde atrás; lideran desde el frente con confianza, plenamente convencidos de adónde van y con gran entusiasmo.

Así que, al concluir este devocional, por favor, tengan en cuenta que el llamado del líder es estar a solas con Dios en el lugar secreto de oración. Muchos podrían pensar que el liderazgo se trata de competir con otros y desafiarse a sí mismos para ver quién gana o llega primero.

Los líderes de Dios reciben instrucción en la quietud de su presencia. En el mundo, este estilo de liderazgo sería ridiculizado. Pero para quienes caminan en el reino de Dios y han aceptado a Jesús como su Señor, su llamado está en el lugar secreto de la oración.

Al transitar por la vida, ya sea en la familia, los negocios o el ministerio, recuerden que el liderazgo auténtico comienza por ver y reconocer primero lo que Dios hace. El siguiente paso es obedecer lo que Dios dice.

Con los años, he aprendido que la oración personal es esencial para todo lo que Dios me ha confiado. Todo lo que he necesitado —emociones, fuerza, visión, seguridad, ideas, creatividad— ¡se encuentra en el lugar secreto de la oración! Neh'enah.

12

¿No Hay Resultados? ¿Por Qué No?

"Cuando terminó de hablar, le dijo a Simón: «Boga mar adentro y echad vuestras redes para pescar». Pero Simón le respondió: «Maestro, hemos estado trabajando toda la noche y no hemos pescado nada; sin embargo, en tu palabra, echaré la red». Y cuando lo hicieron, pescaron muchísimos peces, y la red se les rompía. Así que hicieron señas a sus compañeros de la otra barca para que vinieran a ayudarlos." (Lucas 5:4-7)

Al meditar sobre la experiencia que Pedro vivió en esta parte de la Escritura, no pude evitar pensar en cómo a menudo me he encontrado en su lugar. La terrible sensación de trabajar sin parar sin ver resultados es desgarradora. No es de extrañar que muchos abandonen sus negocios o ministerios, y algunos incluso abandonen sus propias vidas.

Al reflexionar sobre la sabiduría de Dios detrás de este hermoso testimonio, me di cuenta de que Dios estaba más enfocado en desarrollar a Pedro que en pescar algunos peces. Era su manera de quebrantar a Pedro y derribar su ego.

Quizás te consideres astuto e inteligente en las negociaciones, pero los peces no negocian. Entonces, ¿qué haces cuando la naturaleza no coopera? ¿Quién tiene el control ahora? ¿Cuál es tu jugada cuando todo lo que sabes no funciona? Piensa en esto profundamente.

Con todo mi corazón, creo que esta es la manera en que Dios capacita a quienes Él quiere usar de maneras más grandes.

¡La Lección de Vida de Pedro!

Pedro estaba a punto de aprender la lección de su vida: la maravillosa habilidad de confiar en Dios para recibir apoyo.

Uno de mis mentores me dijo una vez que las personas con talento son las más difíciles de convencer de que Dios quiere ser su líder. He experimentado esto y he llegado a comprender esta valiosa sabiduría. A menos que Dios vaya delante de ti, nunca verás el final del día.

Ahora bien, hay algunos factores que conducen a un gran avance. Examinemos cómo Pedro logró su gran avance durante lo que parecía ser un viaje de pesca infructuoso.

Primero, debes permitir que Dios te guíe en el esfuerzo. Alguien podría preguntar: "¿Tengo que decirle a Dios que voy a hacer la compra?". La respuesta es "no". No tienes que decirle que vas a hacer la compra. No tienes que decirle nada; ¡PUEDES DECIRLE TODO!

Sea lo que sea que decidas involucrar al Señor en algo, Él estará involucrado contigo. Si la puerta no está abierta para que Él entre y te guíe, ¡no lo hará! ¿Me entiendes?

En segundo lugar, recuerda las palabras de Pedro. Le dijo a Jesús: "**Hemos trabajado toda la noche.**" Hacer las cosas con nuestras propias fuerzas eventualmente nos agotará. Intentar ser "Dios" en todos nuestros tratos también nos agotará. Estamos tratando de llevar una carga que solo Dios puede soportar". Esto se volverá extremadamente difícil y, además, muy desalentador.

Entonces, ¿qué debemos hacer? Escuchar la voz de Dios para la necesidad o situación actual.

Le dijo a Pedro: "¡Ve a lo profundo!".

La posición era crucial para que los discípulos pudieran pescar. Todo dependía de la experiencia de Pedro pescando ese día. No habría visto nada si no se hubiera adentrado en las profundidades.

Hay ciertas cosas que Dios ha puesto en nuestro ser espiritual que necesitan la ubicación y el clima adecuados para crecer. Intentar plantar y cultivar manzanas en el Valle del Río Grande sería muy difícil debido al ambiente. Es demasiado húmedo y caluroso.

Algunos podrían intentar avanzar al siguiente nivel dentro del mismo clima de "primer nivel", pero no funcionará. Dios necesita que nos movamos de donde estamos ahora; ¡Él desea que vayamos a lo profundo!

Escucha la instrucción de Dios para la próxima etapa de tu vida, ministerio o negocio. Puede que estés pescando en aguas poco profundas. Neh'enah

13

¿Por Qué Se Han Conformado Con Tan Poco?

"Entonces los hijos de José hablaron a Josué, diciendo: "¿Por qué nos has dado solo una suerte y una parte como herencia, siendo un pueblo tan grande, después de lo que el Señor nos ha bendecido hasta ahora?". Josué les respondió: "Si son un pueblo tan grande, entonces suban a la región forestal y desbrocen un lugar allí, en la tierra de los ferezeos y los gigantes, ya que los montes de Efraín son demasiado estrechos para ustedes". Pero los hijos de José dijeron: "La región montañosa no nos basta, y todos los cananeos que habitan en la tierra del valle tienen carros de hierro, tanto los de Bet-seán y sus aldeas como los del valle de Jezreel". Y Josué habló a la casa de José, a Efraín y a Manasés, diciendo: "Ustedes son un pueblo grande y tienen gran poder; no tendrán solo una suerte, sino que la región montañosa será suya. Aunque esté arbolado, lo talarás, y su límite será tuyo, pues expulsarás a los cananeos, aunque tengan carros de hierro y sean fuertes." (Josué 17:14-18)

Al meditar en esta parte de la Escritura, nunca había visto visión, lucha, confianza y perseverancia trabajando activamente por el deseo de alguien. Estas cualidades son cruciales para el progreso.

¿Por qué se han conformado con tan poco?

La historia anterior muestra cómo la casa de José se acercó a Josué y le expresó sus preocupaciones con respeto. Explicaron que su tierra era demasiado pequeña para ellos y enfatizaron que eran un pueblo importante.

Su argumento era válido. Eran un pueblo numeroso, y su territorio era demasiado limitado para que pudieran establecerse.

Aquí está la declaración de Josué sobre esta queja formal. Josué dijo: **"Si la tierra es demasiado pequeña para ustedes y son un pueblo numeroso, entonces vayan a la zona forestal y despejen un espacio para ustedes en la tierra de los perrizitas y los gigantes".**

Josué era un líder que comandaba con autoridad y confianza. Los líderes no se detienen en lo que les falta ni siquiera lo consideran. Josué quería que la casa de José reconociera su fuerza y capacidades.

A veces, personas externas necesitan señalarnos esto en nuestro camino, ya sea en la vida, los negocios o el ministerio. Siempre hay alguien que Dios designa para compartir esta confianza con nosotros y asegurar que sigamos avanzando. Gracias a Dios por su misericordia.

La casa de José —Efraín y Manasés— intenta avanzar sin luchar. Tenían muchas excusas para no ir: «**La región montañosa no nos basta; y todos los cananeos que habitan en la tierra del valle tienen carros de hierro, tanto los de Bet-seán y sus aldeas como los del valle de Jezreel**».

En el liderazgo natural, las personas podrían verse tentadas a consultar las encuestas y ver ciertos lugares como más favorables, pero este no es el caso en el liderazgo espiritual. Nota: Podemos elegir quién guiará nuestras vidas: el Espíritu de Dios o nuestra carne.

En el liderazgo espiritual, el Espíritu Santo es nuestro guía; si nos conectamos con Él, nos brindará una visión renovada y la confianza necesaria para perseverar.

En Dios, nada está terminado hasta que Él dice: «**Bien hecho, buen siervo y fiel**». Hasta que escuches estas palabras de Jesús nuestro Señor, estás llamado a avanzar, a perseverar y a tomar posesión de la tierra.

Reflexiona sobre tu vida, tu negocio y tu ministerio. ¿Han alcanzado su máximo potencial? ¿Puedes decir honestamente: «He hecho todo lo que

Dios quería de mí»? ¿O quizás parte de tu desánimo proviene de la falta de visión y confianza? ¿Has perdido la lucha interior por seguir adelante? ¿Te han abrumado las luchas de esta vida? ¿Demasiados obstáculos y fracasos te han convencido de quedarte dónde estás?

Tras escuchar sus excusas, Josué procedió con estas poderosas palabras proféticas: «Ustedes son un pueblo grande y tienen gran poder; no tendrán solo una porción, sino que la región montañosa será suya. Aunque esté arbolada, la talarán, y su límite será suyo, porque expulsarán a los cananeos, aunque tengan carros de hierro y sean fuertes».

Josué pronunció las palabras necesarias y les habló en la casa de José: «Ustedes son un pueblo grande; tienen gran poder; ¡todo lo que tomen será suyo! No importa con qué los combata el enemigo; no importa su estatus; no importa qué armas use, ¡la tierra será suya para habitarla!».

¡Nunca te conformes con menos que el plan de Dios para ti! Dios te dio su Espíritu para guiarte a una vida de abundancia. Puede que no sea fácil. Quizás tengas que luchar contra gigantes, destruir carros de hierro y talar árboles. ¡Solo recuerda que la tierra es tuya si la deseas! Neh'enah.

14

¡El Valor de un Cielo Abierto!

"Cuando todo el pueblo se bautizaba, aconteció que Jesús también fue bautizado; y mientras oraba, el cielo se abrió. Y el Espíritu Santo descendió sobre él en forma corporal, como una paloma, y vino una voz del cielo que decía: «Tú eres mi Hijo amado; en ti tengo complacencia». (Lucas 3:21-22)

Cuando pienso en estos pasajes de las Escrituras y reflexiono sobre su importancia, comprendo con mayor claridad por qué Cristo transformó el mundo con tanta fuerza. No fueron sus antecedentes religiosos, ni su enseñanza excepcional, ni sus numerosos milagros, ni siquiera su amor y compasión lo que lo hizo único y una fuerza a tener en cuenta contra todos los principados y potestades. La clave de la vida de Cristo fue la afirmación de la voz de su Padre a través de los cielos abiertos durante una vida de oración continua.

¡Un cielo abierto!

¿Qué significa tener un cielo abierto?

Un cielo abierto es simplemente el acceso que tenemos a Dios. Todos pueden acceder a Dios, pero no todos lo consiguen.

Permítanme explicarles a qué me refiero con no abusar del acceso que uno tiene a Dios. Verán, por la sangre de Jesús, todos tenemos acceso. Saber que tenemos acceso es una cosa, pero entrar y sentarnos en su presencia es otra. Una persona debe tener la actitud correcta para venir y recibir del Señor.

La intimidad con Dios requiere un espíritu quebrantado y contrito. Puedes ofrecerle sacrificios, decir palabras repetitivas y vanas, o realizar buenas obras para ganar su favor, pero déjenme decirles: ¡nada de esto importa si su corazón no está quebrantado y contrito!

Estos son dos requisitos para experimentar un cielo abierto. Muchos oran e incluso intentan pasar noches enteras orando, ¡pero todo es en vano! ¿Por qué? Creo que con demasiada frecuencia, las oraciones no están en consonancia con la voluntad de Dios, o peor aún, ¡el siervo de Dios está atrapado en sí mismo!

¡No Puedes Ser Parcial con Respecto a Tu Oración!

Este hombre de Dios es parcial y ya ha decidido qué escuchar y hacer antes de que Dios hable. Esta es una receta segura para cerrar los cielos. Nadie puede verlo, pero Dios sí. Escuchen esto: **"Porque así dice el Alto y Sublime que habita la eternidad, cuyo nombre es Santo: «Yo habito en la altura y la santidad, con el quebrantado y humilde de espíritu, para vivificar el espíritu de los humildes y el corazón de los quebrantados»** (Isaías 57:15).

Tan pronto como te acerques al Señor (asumiendo que tu corazón esté quebrantado y contrito), ¡Él entrará en ti! Reflexiona profundamente.

No dudo que el camino del conocimiento revelador se abrirá cuando un hombre o una mujer de Dios camine con quebrantamiento y contrición de corazón. El Espíritu Santo revelará los secretos de Dios.

¡No Bloquees el Camino!

No lo bloquees ni permitas que nada se convierta en un obstáculo en este camino de revelación. Si te concentras en mantener tu corazón abierto a este camino, puedes esperar nuevas y frescas palabras de verdad que pueden influir en ti tanto ahora como en el futuro.

Cuando Dios finalmente nos habla al corazón, suele ser reconfortante y paternal. A diferencia de quienes piensan que Dios viene a gritarnos o a reprendernos con palabras duras, el Padre nos comparte información que nos edificará, no nos derribará. Nos corregirá con juicio amoroso y nos tratará con bondad.

Recuerda: **Es la bondad del Señor la que lleva a los hombres al arrepentimiento. "¿O menosprecias las riquezas de su bondad, paciencia y longanimidad, ignorando que su bondad te guía al arrepentimiento?"** (Romanos 2:4).

Una vez que escuches su voz, tu espíritu se fortalecerá. Tu autoestima crecerá enormemente y alcanzará su máximo esplendor porque Aquel que te creó declara: "¡Eres mi amado!" Neh'enah.

15

¡Un Rostro Iluminado!

" Y los hombres de Israel estaban angustiados ese día, porque Saúl había hecho jurar al pueblo, diciendo: "Maldito sea el hombre que coma cualquier alimento hasta la tarde, antes de que yo me vengue de mis enemigos". Así que nadie del pueblo probó la comida. Entonces todo el pueblo de la tierra llegó a un bosque, y había miel en el suelo. Y cuando el pueblo entró en el bosque, he aquí que la miel goteaba; pero nadie se llevó la mano a la boca, porque el pueblo temía el juramento. Pero Jonatán no había oído a su padre conjurar al pueblo; por lo tanto, extendió la punta de la vara que tenía en la mano, la mojó en un panal de miel y se llevó la mano a la boca; y su semblante se iluminó. Entonces uno del pueblo dijo: "Vuestro padre hizo jurar severamente al pueblo, diciendo: 'Maldito sea el hombre que coma hoy'". Y el pueblo estaba desfallecido. Pero Jonatán dijo: «Mi padre ha turbado la tierra. ¡Miren cómo se ha alegrado mi rostro al probar un poco de esta miel! ¡Cuánto mejor si el pueblo hubiera comido hoy libremente del botín que encontraron de sus enemigos! Porque ahora, ¿no habría habido una matanza mucho mayor entre los filisteos?» (1 Samuel 14:24-30)

He estado reflexionando sobre esta parte de las Escrituras y me di cuenta de que, durante una batalla, a Israel se le ordenó "no comer nada hasta el anochecer". No sé de dónde sacó el rey Saúl la idea. Pero después de pensar en su orden, probablemente me habría rebelado y me habría comido una hamburguesa en algún sitio, sobre todo si me dirigía a la batalla. No pretendo ser gracioso ni poco convencional, ¡pero vamos! Para mí, esto suena más a una misión suicida.

Las Escrituras dicen que Jonatán (el hijo de Saúl) encontró miel goteando al llegar al bosque. La gente no se atrevió a comerla, y como Jonatán no había escuchado la orden de su padre, tomó miel y la comió.

Los resultados fueron increíbles. La Biblia dice que el rostro de Jonatán se iluminó. Esto lo transformó y le dio fuerzas para la batalla. Ahora, fíjense en esto: **"Entonces uno del pueblo dijo: 'Tu padre hizo jurar severamente al pueblo, diciendo: 'Maldito sea el hombre que coma pan hoy'". Y el pueblo estaba desfallecido."**

Apoyo el orden terrenal y el respeto a la autoridad, pero no cuando falta el sentido común. Si un rey me pidiera que me suicidara, ¡me negaría! Quizás tú sí, pero yo no.

Ahora bien, hay algunas cosas raras que podría hacer por el evangelio, pero dejarme matar intencionalmente no sería una de ellas, y sentarme bajo cierto liderazgo y morir tampoco es algo que haría.

Mucho de lo que vemos en nuestras iglesias locales no es más que miedo y manipulación disfrazados de obediencia en el nombre de Jesús. La religiosidad de nuestros días ha dañado significativamente el cuerpo de Cristo. La gente sigue sirviendo a Jesús por miedo, no por amor, así como por conveniencia en lugar de por obediencia fiel. La iglesia se centra en asuntos menores en lugar de la Gran Comisión.

El rey Saúl parece un rey impulsado por el miedo y la manipulación. ¡No se puede liderar desde atrás!

Ahora Jonatán, su hijo, comió miel y su rostro se iluminó. ¡Guau! Naturalmente, Jonatán se fortaleció y preparó para la batalla con un poco de miel. Espiritualmente, la miel simboliza la revelación profética del Señor. Solo necesitas una pequeña palabra para causar un impacto poderoso.

Una pequeña dosis de conocimiento revelado te revelará tres elementos clave.

1. Primero, despertará la fe en tu espíritu. Esta fe penetrará en tu espíritu y te revitalizará. Tu espíritu se llenará de energía, despertará y estará alerta al poder y la grandeza de Dios en ti.

2. Te infundirá una confianza sobrenatural. Sentirás que nada es imposible para ti en el nombre de Jesús.

3. Desatará la valentía necesaria para entrar en la batalla. Nada obstaculiza más a los creyentes que la falta de valentía. Las personas se vuelven extraordinarias y tienen un impacto significativo gracias a la valentía, y nada más.

Con un poco de miel (revelación del Señor), recibirás un impulso de la fe de Dios en ti, adquiriendo una confianza conquistadora y una valentía imponente. Neh'enah.

16

Grandeza Mundana vs. Grandeza del Reino

"Y Jesús los llamó y les dijo: Sabéis que los gobernantes de las naciones se enseñorean de ellas, y sus grandes las someten [tiranizando sobre ellas]. No será así entre vosotros, sino que el que quiera ser grande entre vosotros será vuestro servidor, y el que quiera ser el primero entre vosotros será vuestro esclavo. Así como el Hijo del Hombre no vino para ser atendido, sino para servir y para dar su vida en rescate por muchos [el precio pagado para liberarlos]." (Mateo 20:25-28 Versión Amplificada)

En el liderazgo, es casi natural desear la grandeza para la gloria de Dios. Conozco a algunas personas (cristianas, para ser más específicos) que evitan la palabra grandeza en su vocabulario religioso e insisten: "No quiero ser grande; quiero ser un humilde siervo del Señor". Por admirable que suene, Dios desea que aspiremos a la grandeza. La única cuestión con la grandeza es la gloria de quién buscas; ¿de qué reino estás expandiendo o fortaleciendo, el de Dios o el tuyo?

Ahora bien, existe la grandeza mundana y la grandeza del reino.

La grandeza mundana se relaciona con el estatus, la reputación y el reconocimiento. Gira en torno a uno mismo y a la autopromoción. Es un impulso interno por ser reconocido por el mundo y buscar la aprobación de todos los que ven o escuchan sobre ti o tus proyectos. A menudo es egocéntrica y se centra en el beneficio personal. Busca la alabanza y la aprobación constante de los demás. Se vuelve esclava del aplauso de los hombres.

Si un líder "cristiano" no tiene cuidado con este tipo de grandeza, podría, sin darse cuenta, quitarle crédito a Dios. Podría terminar construyendo para sí mismo, creyendo que lo hace todo para la gloria de Dios.

A lo largo de los años, he escuchado a muchos siervos de Dios decir: "¡Estoy construyendo para Jesús!". Por muy espiritual y humilde que parezca, el siervo fiel sabe en el fondo que estas obras a menudo son solo una forma de alimentar su ego o su carne. Reconozco la vanidad de estas búsquedas; he pasado por eso; ¡las conozco muy bien!

La grandeza del reino depende de la humildad y el servicio. Se trata de servir con un corazón lleno de amor. Quienes practican la grandeza del reino no se centran en la gloria, la reputación, el reconocimiento ni el estatus.

La grandeza del reino se basa en la humildad y el quebrantamiento. Implica dar tiempo, dinero, esfuerzo, sangre, sudor y lágrimas. Constantemente sacrifica más. Esforzarse al máximo en todo lo que haces es la clave de la grandeza del reino

Si la grandeza del reino tuviera voz, sonaría así: "¡Quiero dar hasta que no quede más! ¡Quiero amar hasta que no pueda amar más! ¡Quiero servir hasta que no pueda servir más! Entiendo plenamente que esta vida no me pertenece. Fui comprado por un precio, ¡y ahora estoy en deuda con mi Rey! Mi llamado ahora es conocerlo y darlo a conocer hasta que su gloria cubra la tierra como las aguas cubren el mar".

Supón que eres un líder y te esfuerzas por liderar según los estándares de Dios (por Su Palabra y Espíritu); ten la seguridad de que Dios te honrará en todo sentido. No hay necesidad de imitar a otros ni sentirte inseguro en tu negocio, organización o ministerio. Él te dará toda la creatividad que necesitas para triunfar. Aprende a vivir según Proverbios 3.

La grandeza del reino depende de conocer personalmente a Cristo. El líder debe basar todo en Jesucristo, el Autor y Consumador de todo en la vida. No debemos dejar a Jesús en casa mientras vamos a nuestro ministerio, negocio, vocación o trabajo. Necesitamos reconocer esto. Si la guía del Espíritu Santo no nos acompaña en todo lo que hacemos, estamos condenados desde el principio.

La grandeza del reino reside en el corazón de Dios para quienes lo aman. Sin la mentalidad de esforzarnos por alcanzar la grandeza para glorificar a Dios, nos estancaremos en nuestras vidas. Nuestro testimonio se volverá obsoleto y no tendremos un impacto significativo en la expansión del reino. Neh'enah.

17

¡Entren en Su Reposo!
Aprendiendo a Escuchar los Susurros del Espíritu.

"**Vengan a mí todos los que están trabajados y cargados, y yo les haré descansar. Carguen con mi yugo y aprendan de mí, que soy manso y humilde de corazón, y hallarán descanso para sus almas. Porque mi yugo es suave y mi carga ligera.**" (Mateo 11:28-30)

"**Procuremos, pues, entrar en ese reposo, para que nadie caiga en semejante ejemplo de desobediencia.**" (Hebreos 4:11)

En el griego original, la palabra "entrar" significa "ir o entrar". Se usa comúnmente con el significado de "entrar".

Hay que entrar en el Señor para acceder a todo lo que Dios ofrece. Hay que "entrar" o "entrar" en la persona de Jesús. Entrar en Jesús es como entrar en una habitación, ¡y esa habitación es Él! ¿Puedes imaginarlo?

¿Cómo entramos?

Entrar en el Señor es una realización espiritual y debe entenderse como tal. No se puede entrar en esta dimensión por pura voluntad. No se logra con sabiduría carnal ni mera comprensión. El mismo Espíritu de Dios nos guía; nos invita o nos invita a entrar. ¡Solo podemos entrar por invitación!

Entrar en el Señor es más bien algo que debe entenderse por fe. Es un proceso de dos partes:

1. Dios dispensa gracia, favor, bendiciones, visiones, promesas y más a todo aquel que viene y cree...

2. Nos convertimos en receptores directos al escuchar atentamente el susurro del Espíritu, que nos guía con profundas inspiraciones para obedecerle (sea cual sea el llamado que exija).

Después de escuchar lo que el Espíritu dice y obedecerlo en consecuencia, entramos en el Señor. Al movernos al ritmo de Dios, actuar de inmediato según su mandato nos llevará al punto donde hemos "entrado en el Señor", a esta hermosa dimensión sobrenatural de Dios.

¿Qué exige Dios de sus seguidores?

En los más de treinta años que he caminado con Dios, siempre he sabido esto de Él: Él cuida de toda su creación, pero muestra mayor preocupación por quienes tienen un corazón quebrantado y contrito. No es de extrañar que la Escritura diga: **"Porque no te deleitas en sacrificio, de lo contrario yo lo daría; no te complace el holocausto. Los sacrificios de Dios son el espíritu quebrantado; al corazón contrito y humillado, oh Dios, no despreciarás tú"** (Salmo 51:16, 17); y en Isaías 61:2b dice: **"Pero a este miraré: al que es humilde y contrito de espíritu, y que tiembla ante mi palabra".**

Para que Dios mire a cualquier hombre o mujer, quien lo recibe debe tener un corazón y un espíritu quebrantados y contritos. Dios observa esto y ve potencial. Necesitamos ser guiados por su Espíritu para escuchar sus preciosos susurros.

¿Cómo deben los seguidores alinear sus corazones?

La mejor manera de expresar esto es compartiendo una Escritura que se me hizo real hace muchos años: **"He aquí, como los ojos de los siervos miran a la mano de sus amos, y como los ojos de la sierva a la mano de su señora, así nuestros ojos esperan en el Señor nuestro Dios, hasta que tenga misericordia de nosotros"** (Salmo 123:2).

Atribuyo esta postura espiritual a todo lo que Dios ha traído a mi vida. Cuando Dios me reveló la actitud de los siervos y las sirvientas y cómo esperaban a sus amos, y cómo nosotros, de igual manera, debemos mantener la mirada fija en el Señor para recibir misericordia —ya sea visión, provisión, comprensión, poder o propósito—, mi perspectiva de la vida cambió.

Si esperas en Él, el éxito en todas las áreas de tu vida será inevitable. Neh'enah.

18

¡Piedras Lisas!

"Entonces tomó su cayado en la mano; escogió cinco piedras lisas del arroyo y las puso en una bolsa de pastor, en una bolsa que traía, con su honda en la mano. Y se acercó al filisteo. Y el filisteo se acercó a David, y el hombre que llevaba el escudo iba delante de él. Y cuando el filisteo miró a su alrededor y vio a David, lo despreció; porque era solo un joven rubio y bien parecido. Entonces el filisteo le dijo a David: "¿Soy un perro, para que vengas a mí con palos?". Y el filisteo maldijo a David por sus dioses. Y el filisteo le dijo a David: "¡Ven a mí, y daré tu carne a las aves del cielo y a las bestias del campo!". Entonces David le dijo al filisteo: "Vienes a mí con espada, lanza y jabalina". Pero yo vengo a ti en el nombre del Señor de los ejércitos, el Dios de los escuadrones de Israel, a quien has desafiado. Hoy mismo el Señor te entregará en mis manos, y yo te heriré y te cortaré la cabeza. Y hoy mismo entregaré los cadáveres del campamento de los filisteos a las aves del cielo y a las fieras de la tierra, para que toda la tierra sepa que hay Dios en Israel. Entonces toda esta asamblea sabrá que el Señor no salva con espada ni lanza; porque la batalla es del Señor, y él te entregará en nuestras manos." (1 Samuel 17:40-47)

Llevo semanas compartiendo este mensaje sobre las cinco piedras lisas que David usó para matar a Goliat. Me resulta interesante cómo el pequeño David, lleno de fe, no solo escogió piedras, sino piedras alisadas. Esto simboliza piedras que habían estado en el agua durante mucho tiempo, transformándose.

Al consultar al Señor sobre este tema, sentí que Dios quería que estudiara la evolución de las piedras hasta volverse lisas. Descubrí algunos datos fascinantes sobre la transformación de las rocas o piedras al reposar en un río.

La mayoría de los geólogos creen que las rocas que comienzan siendo irregulares se alisan al rodar por el lecho del río y por abrasión. La erosión y el desgaste rompen las piedras enormes en otras más pequeñas. El agua que fluye hace que la roca se deslice sobre otra y por el lecho del río; así es como adquieren forma. Las fuertes corrientes giran y hacen que la piedra resbale una tras otra. El flujo continuo y suave de agua y arena alisa la piedra. Esto es sumamente interesante.

La próxima vez que sientas que una corriente espiritual arrastra tu vida y solo sientes una caída, un estruendo, etc., recuerda que Dios podría estar obrando y perfeccionándote para los gigantes que se avecinan.

Fíjate en David y su elección de cinco piedras lisas. ¿Qué nos dice Dios a todos en esta poderosa historia de verdadera fe y triunfo? Esto es lo que el Señor les dice a todos los siervos-líderes de Dios:

Tú eres la piedra sobre la que Dios está obrando. Quizás no entiendas todas las caídas en tu vida, pero te han llevado a un punto de preocupación.

Te preguntas si este quebrantamiento de las aristas ásperas se detendrá alguna vez. La respuesta es sí. Dios está obrando en ti, Su piedra preciosa, y no te equivoques: ¡Dios se convertirá en una piedra lisa "al final del día"!

Lo que debes saber es que Dios te está preparando para avanzar. Él necesita una piedra lisa. No te preocupes por los rayos del sol que te golpean; no te preocupes por la arena que te atraviesa y erosiona suavemente las orillas irregulares. Las orillas firmes solo pueden romperse con la fuerte corriente, y Dios sabe que esto debe ocurrir. No te dejes confundir por las caídas abruptas; el Señor está haciendo su obra perfecta en ti. Tampoco te preocupes por estar tendido en el lecho solitario de un río y que nadie te vea. El Señor conoce tu dirección y vendrá a buscarte cuando te necesite.

Cuando David necesitaba derrotar al gigante Goliat, buscó en ese arroyo las piedras más lisas que pudo encontrar (consiguió cinco, por cierto). Aquí tienes algunas reflexiones para llevar a tu lugar de oración:

(1) ¿Ya eres una piedra lisa?
(2) ¿Sientes que Dios sigue obrando en ti?
(3) ¿Has aceptado las fuertes corrientes de Dios con humildad?
(4) ¿Has permitido que las olas de Dios te transformen y te pulan?

Permite que el Señor se guíe por ti y serás válido para el uso del Maestro. Neh'enah.

19

¡El Increíble Beneficio de Dejar Ir! - Parte 1

"**Ahora bien, [en Harán] el Señor le dijo a Abram: 'Vete de tu tierra, de tus parientes y de la casa de tu padre, a la tierra que yo te mostraré. Haré de ti una gran nación, te bendeciré** [con abundantes favores] **y haré que tu nombre sea famoso y distinguido, y serás una bendición** [que repartirás el bien a los demás]. **Bendeciré a quienes te bendigan** [que te concedan prosperidad o felicidad] **y maldeciré a quienes te maldigan o te insulten; en ti serán benditas todas las familias y tribus de la tierra** [y por ti se bendecirán a sí mismas]. **Así que Abram partió, como el Señor le había ordenado; y Lot** [su sobrino] **fue con él. Abram tenía setenta y cinco años cuando salió de Harán.**" (Génesis 12:1-4 Versión Amplificada)

Una de las características más constantes que he observado en personas que han progresado y marcado una diferencia en la sociedad, una empresa, un ministerio o una familia ha sido la capacidad de desprenderse de sí mismas a cambio de algo más significativo; algo de mayor valor y mayor impacto.

Esta cualidad no suele ser inherente a nuestra naturaleza humana. La mayoría de la humanidad se interesa más en sus logros, metas y ambiciones. Lo opuesto al egoísmo es el quebrantamiento.

El quebrantamiento consiste en dejar ir lo que quieres y deseas y permitir que Dios te enseñe el camino, la habilidad, el método y la estrategia para alcanzar el éxito en la vida. Sí, todas estas grandes llaves abrirán la bóveda. La imagen que nos deja Génesis 12 es de quebrantamiento. Dios necesitaba un hombre, pero no cualquiera. Necesitaba un hombre dispuesto a ser quebrantado y destrozado, a renunciar a su herencia natural por una más amplia, ilimitada y espiritual.

Hace poco hablé con una persona que me dijo: "¡He pasado por mucho quebrantamiento en mi vida, y ahora puedo enfrentar casi cualquier cosa!". Le dije a este querido creyente: "¡El hecho de que me digas cuánto has sufrido y lo 'quebrantado' que dices decirme, es que ni siquiera tienes la menor idea de lo que es el verdadero quebrantamiento!". Parecía ofendido. Mira, cuando Dios toca a un hombre, no suele andar presumiendo de lo que ha sucedido en su vida. ¡El verdadero quebrantamiento no necesita un anuncio ni una señal que indique lo terrible que ha sido tu sufrimiento! Cuando estás verdaderamente quebrantado, no hay nada que decir, porque has entrado en un reino diferente de humildad.

¡Dios tenía una idea diferente!

Si bien Abraham quizás tenía la vista puesta en heredar la casa, las tierras y el ganado de su padre, Dios tenía una visión diferente de Abraham; no se trataba solo de tierras y ganado, sino de la posesión de naciones y generaciones.

Lo que Dios vio para Abraham nunca había entrado en su mente ni en su corazón. Fue una revelación para Abraham, pero todo dependería de su decisión en Génesis 12. ¿Dejaría Abraham su país y la casa de su padre por una tierra que desconocía por completo?

Que todos los que lean esto sepan que, a menos que estemos dispuestos a dejar atrás el pasado, el presente, lo natural, la zona de confort y las ideas presentes, no podremos avanzar hacia el plan eterno de Dios.

¡Desarraigando!

Cuando el Señor nos aparta para un tiempo de revelación, es para revelarnos su corazón, su mente y su plan eterno.

Ahora bien, nada obstaculiza más nuestras vidas que las raíces. La idea de trasplantar nuestras vidas desde donde estamos actualmente a un lugar que nunca hemos visto ni visitado suele ser impensable. Demasiados hacen oídos sordos cuando se les pide que den algo que han abrazado durante mucho tiempo. ¡Ni siquiera les importa escuchar la bendición que les seguirá!

La idea de "arrancar" es impensable y, por lo tanto, toman decisiones basadas en perspectivas sesgadas y naturales.

En el Señor, las cosas se disciernen espiritualmente. Si un hombre o una mujer se dejaran guiar por el Señor, estarían gozosos. ¿Cuántos creyentes tristes, solitarios, molestos y enojados lo saben? ¿Demasiados? Ahora, ya saben por qué son así.

Para el Señor era importante mostrarle a Abraham primero esta lección: la de "desarraigarse".

Si no aprendemos esta lección, será difícil navegar en la voluntad de Dios. Para Abraham era importante desprenderse de sus raíces (las ideas y filosofías que había desarrollado desde la infancia). El día en que llegó el momento de dejar la casa de su padre, su país y todo lo que lo aferraba. No sería fácil; sin embargo, tenía que hacerlo.

Una vez que un hombre o una mujer de Dios puede vivir en este principio, seguir la voluntad de Dios en cada área de la vida será más fácil. Una vez que Abraham obedeció el mandato de Dios, estuvo listo para entrar en la siguiente etapa de su vida. La Escritura dice: "Entonces Abram partió, como el Señor le había ordenado".

¿Seguirás los pasos de Abraham y entrarás en la siguiente etapa de tu vida? Neh'enah.

20

¡El Increíble Beneficio de Dejar Ir! - Parte 2

"Ahora bien, [en Harán] el Señor le dijo a Abram: 'Vete de tu tierra, de tu parentela y de la casa de tu padre, a la tierra que yo te mostraré'" (Génesis 12:1).

Quiero seguir explorando esta preciosa verdad que encontré en la vida de Abraham y cómo Dios le habló y lo desafió a dar un paso de fe.

Dios le dijo que dejara su país, sus parientes, la casa paterna y su tierra natal. Observen la escritura que mencioné anteriormente: la Versión Amplificada afirma que si Abraham se iba, sería para su propio beneficio.

¿Por Qué Fue Significativa la Mudanza de Abraham?

Permítanme explicar por qué fue importante el primer acto de obediencia en la vida de Abraham. Desarraigarse de su entorno (casa, familia, país, etc.) fue la clave para recibir lo mejor de Dios.

Si un hombre o una mujer no puede desarraigarse de su estado espiritual actual, luchará toda su vida. Es necesario obedecer a Dios para alcanzar lo mejor de Dios. Jesús aludió a esto cuando dijo: «**El que no persevera, carga con su cruz y me sigue, no puede ser mi discípulo**» (Lucas 14:27).

Observa cómo la cruz es clave. No se puede ser discípulo si no se puede llevar la cruz. Si Abraham no pudiera dejar su tierra, no podría ver la promesa.

Una vez que se dé el paso, se te presentará otra oportunidad. Como tomaste la decisión correcta al principio, cuando llegue el segundo desafío, no flaquearás. Seguirás el corazón de Dios sin dificultad porque ya has lidiado con el desarraigo en tu vida.

El Segundo Desafío de Abraham

"Pero Lot, que iba con Abram, también tenía rebaños, vacas y tiendas. Ahora bien, la tierra no era suficiente para alimentarlos ni mantenerlos para que pudieran vivir juntos, pues sus posesiones eran demasiado grandes para que pudieran vivir juntos. Y hubo contiendas entre los pastores del ganado de Abram y los pastores del ganado de Lot. Y el cananeo y el ferezeo habitaban entonces en la tierra [lo que dificultaba la obtención de forraje]. Entonces Abram le dijo a Lot: «Te ruego que no haya contiendas entre tú y yo, ni entre tus pastores y los míos, porque somos parientes. ¿No está toda la tierra delante de ti? Te lo ruego, apártate de mí. Si tomas la mano izquierda, yo iré a la derecha; y si tomas la mano derecha, yo iré a la izquierda». Y Lot miró y vio que por todas partes el valle del Jordán estaba bien regado. Antes de que el Señor destruyera Sodoma y Gomorra, [todo era] como el jardín del Señor, como la tierra de Egipto, en dirección a Zoar. Entonces Lot escogió para sí todo el valle del Jordán y viajó hacia el este. Así que se separaron. Abram habitó en la tierra de Canaán, y Lot habitó en las ciudades del valle [del Jordán] y trasladó su tienda hasta Sodoma, donde se estableció. Pero los hombres de Sodoma eran malvados y pecadores extremadamente graves contra el Señor. El Señor le dijo a Abram después de que Lot lo dejó: «Alza ahora los ojos y mira desde el lugar donde estás hacia el norte y el sur, el este y el oeste; porque toda la tierra que ves te la daré a ti y a tu descendencia para siempre. Y haré que tu descendencia sea como el polvo de la tierra, de modo que si un hombre pudiera contar el polvo de la tierra, también tu descendencia podría ser contada. Levántate, recorre la tierra, a lo largo y a lo ancho de ella, porque yo te la daré». (Génesis 13:7-17)

El segundo desafío de Abraham fue renunciar a sus derechos. Él era el bendito elegido por Dios, no Lot. Sin embargo, Lot primero tuvo que elegir qué porción de tierra conservar y convertirla en su propio territorio.

Cuando un hombre ha superado su desarraigo personal y entregado su vida a Dios, no enfrenta los mismos problemas que otros. Una vez que comprendes esto, no luchas por lo que Dios quiere que tengas, sino solo por lo que se alinea con su voluntad. Abraham no tuvo problemas para desprenderse de nada en su vida, porque sabía que Dios le había prometido algo más significativo.

Dios conocía el corazón de Abraham, y eso era lo único que importaba.

Después de que Abraham le dio a Lot la primera opción y Lot la tomó, **«El Señor le dijo a Abram después de que Lot lo dejó: «Alza ahora tus ojos y mira desde el lugar donde estás hacia el norte y el sur, el este y el oeste; porque toda la tierra que ves te la daré a ti y a tu descendencia para siempre».**

Cuando una visión más grande de Dios cautiva nuestros corazones, nunca más nos conformaremos con cosas menores e insignificantes. Otros pueden tener juguetes, tierras, ovejas y cabras; pueden ser los primeros si así lo desean: "¡Quiero lo mejor de Dios, su promesa, la visión de Dios tal como está plasmada en el lienzo de mi corazón! Quédate con todo lo demás; solo dame la revelación que Dios ha puesto allí". Neh'enah.

21

¡El Increíble Beneficio de Dejar Ir! - Parte 3

"Después de estas cosas, Dios probó a Abraham y le dijo: "¡Abraham!". Él respondió: "Aquí estoy". Luego le dijo: "Toma ahora a tu hijo, tu único, Isaac, a quien amas, y ve a la tierra de Moriah y ofrécelo allí en holocausto sobre uno de los montes que yo te indicaré". Abraham se levantó temprano por la mañana..." (Génesis 22:1-3a)

Una vez que el siervo del Señor dé vida a Génesis 12:1-4, Dios continuará elevándolo.

Hace muchos años, mi mentor espiritual, mi querido pastor, me dijo mientras tomábamos café en su oficina: «David, ¿sabías que Dios no nos revela por completo lo que nos tiene reservado? Solo nos muestra un poco a la vez, pero lo aumenta si obedecemos lo último que nos pide. Nuestro destino depende de nuestra obediencia a todo lo que nos pide.»

Cuando escuché esto, me di cuenta de que dejar ir todo lo que Dios me pide es solo el primer paso en un camino lleno de posibilidades y poderosos resultados impulsados por Dios.

El Más Importante de Todos los Movimientos.

El proceso de "desarraigo" es el más poderoso de todos; es el paso inicial en nuestra obediencia (para más información, lee ¡El Impresionante Beneficio de Dejar Ir! - Parte 1). Antes de que Él haga cualquier movimiento profético en tu vida, Dios se asegurará de que te mantengas firme en Su terreno, no en el tuyo.

El segundo paso hacia arriba en Dios es cuando nos desafía a liberar bendiciones externas. En este caso, fue la tierra y el espacio para el ganado (ambas bendiciones externas).

A Lot se le dio una opción, y Abraham tuvo que renunciar a su privilegio de ser el "bendecido". Confiaba en que Dios podría ayudarlo a mantenerse firme en cualquier situación que enfrentara. Así que bendijo a Lot permitiéndole elegir primero.

Apenas se separaron, Dios le dijo a Abraham: «**Alza ahora tus ojos y mira desde el lugar donde estás hacia el norte y el sur, el este y el oeste; porque toda la tierra que ves te la daré a ti y a tu descendencia para siempre**» (Génesis 13:14, 15).

A Abraham le pareció bien renunciar a la «primera opción». Había aprendido el secreto del «desarraigo».

¡Dejando Ir el Sueño de los Sueños!

Quienes han superado la primera y la segunda prueba del Señor deben prepararse para la tercera. Implica renunciar a su posesión más preciada, «el sueño de sus sueños». En este caso, el «sueño de los sueños de Abraham» era Isaac. Dios le dijo que lo sacrificara.

¿Por qué le haría Dios esto a Abraham? Consideremos todo el esfuerzo que implicó: el llanto, la espera, los errores, más llanto y más espera hasta que naciera Isaac. Todo esto solo para escuchar a Dios decir: "¡Necesito que me lo sacrifiques!".

Conozco gente que preferiría descarriarse antes que entregarle sus posesiones más preciadas a Dios. Sabes exactamente a qué me refiero.

¿Cómo es tu lenguaje corporal en cuanto a la obediencia?

Lo que me sorprende es cómo Abraham no dudó en obedecer. Siempre se puede reconocer el corazón de un hombre por su lenguaje corporal y su rápido movimiento hacia la voluntad de Dios. La Escritura dice: **"Y Abram se levantó muy de mañana..."**. Abraham ansiaba cumplir el propósito de Dios; ansiaba que llegara la mañana para poder ir y vivir la voluntad de Dios. ¿Es este tu corazón? ¿Tu lenguaje corporal muestra el deseo de cumplir la voluntad de Dios?

Al concluir esta miniserie sobre el tema del quebrantamiento, necesitamos comprender la intención del Señor.

¿Acaso Dios busca torturarnos quitándonos las cosas que más apreciamos aquí en la tierra? ¿O intenta enseñarnos una lección importante sobre cómo dejar ir las cosas que son solo herramientas y no objetos de adoración?

Profundicemos en su corazón y abracemos sus caminos. Creo que los caminos de Dios son siempre la mejor manera de seguir el orden divino. Seamos prontos para escuchar y obedecer todo lo que Él dice. Neh'enah.

22

¡El Esplendor de Sus Pensamientos!

"Porque mis pensamientos no son vuestros pensamientos, ni vuestros caminos mis caminos, dice el Señor. Porque como son más altos los cielos que la tierra, así son mis caminos más altos que vuestros caminos, y mis pensamientos más que vuestros pensamientos." (Isaías 55:8, 9)

"Sin embargo, Dios nos las ha revelado por medio de su Espíritu, pues el Espíritu Santo lo escudriña todo con diligencia, explorando y examinando todo, incluso sondeando las cosas profundas e insondables de Dios [los consejos divinos, las cosas ocultas y más allá del escrutinio humano]. Pues ¿quién percibe (conoce y entiende) lo que pasa por los pensamientos de un hombre, sino su propio espíritu dentro de él? Así también nadie discierne (llega a conocer y comprender) los pensamientos de Dios, sino el Espíritu de Dios. Ahora bien, no hemos recibido el espíritu [que pertenece] al mundo, sino el Espíritu [Santo] que proviene de Dios, [dado a nosotros] para que podamos comprender, comprender y apreciar los dones [del favor y la bendición divinos tan generosamente] que Dios nos ha otorgado." (1 Corintios 2:10-12 - Versión Amplificada)

Mientras dedicaba un tiempo muy necesario a la oración y el ayuno, el Señor me dio algunas reflexiones increíbles. Me recordó que, sin su guía, no tengo nada en qué guiarme. Sin su liderazgo, estaré estancado para siempre.

Ahora bien, solo algunos se sienten así. Esta emoción suele ser manejada por quienes han tenido una experiencia con el Dios vivo y están convencidos de que sus vidas fueron creadas para algo más importante que simplemente ganarse la vida.

El hombre o la mujer del que hablo desea lo mejor de Dios. ¿Quieres lo mejor de Dios? Si es así, sigue leyendo.

El Hombre Piensa en Tiempos y Épocas

Mientras Jesús anduvo por la tierra, se enfrentó a muchas mentalidades. Se enfrentó a la mentalidad terrenal, la perspectiva religiosa, la mentalidad empresarial y la mentalidad política, y habló de otra mentalidad: la de Dios.

El ser humano piensa con naturalidad y se guía por el sentido común. Por lo general, si no puede "calcular" una situación, entra en pánico y se deja llevar por un miedo frenético. Esta es la mentalidad terrenal, en la que estoy casi seguro de que todos hemos entrado.

Ahora bien, el secreto para superar esto no es la educación. No se puede aprender de carne y hueso. Por muy bueno y talentoso que sea un maestro, las profundidades de Dios solo pueden captarse en el corazón humano cuando Dios las revela al espíritu del hombre. Esto es lo que significa ser "arrebatado" por Dios. ¿Te has sentido "arrebatado" por Dios últimamente?

Cuando el hombre no ve a Dios ni la dimensión de Dios que se manifiesta ante sus ojos, no sabe qué decir, pensar ni actuar. ¿Por qué ocurre esto? Ocurre porque esas cosas deben discernirse y aplicarse espiritualmente. Es la manera en que Dios dice: **«Sube más alto, y te mostraré lo que debes saber».**

En este punto, el hombre tendrá una opción: buscará y llamará a la puerta del cielo, o ignorará el evento, la situación, las crisis, etc. presentes, como algo habitual e innecesario. En consecuencia, el hombre se encontrará bajo estrés y en una gran confusión. Comienza en el espíritu y termina en lo natural. La enfermedad comienza en el interior y poco después en el cuerpo.

¡Dios No Tiene Reloj Ni Calendario!

Al Señor no le importa el tiempo ni la fecha de las cosas, sino que sus propósitos se cumplan. Una vez que algo está terminado, continúa con lo siguiente en su lista (no la mía).

En cuanto al Señor y sus caminos, es evidente que Dios es mucho más grande, sabio y poderoso. Vive en una dimensión donde su esencia lo es todo. Su presencia gobierna supremamente, y todo se inclina ante él.

Cuando Dios habla, todo se pone en marcha. Cuando Dios decreta algo, ¡se cumple! En su mundo no hay suficientes números, métodos, días, horas ni minutos. No existen los límites. Alguien me preguntó el otro día: "¿Piensas de forma creativa?". Respondí: "¿Qué es un límite?".

¡La forma en que Dios piensa y actúa es asombrosa! Él actúa sin límites. Dios es Rey del tiempo y del espacio. Es eterno... imagínate.

¡Dios Me Impresionó!

Hubo un tiempo en que oraba sobre el siguiente paso en mi ministerio. Llevaba un año alquilando un local y el contrato se renovaba en unos meses. No estaba seguro de si debía renovarlo y seguir con el mismo ritmo de ministerio. Le presenté el asunto a Dios, ayuné y oré pidiendo su guía.

Después de orar durante unas semanas con esta frase: "Dios, necesito un edificio para mi iglesia. Por favor, ayúdame a decidir mi próximo paso. ¿Qué quieres? ¡Necesito un edificio, Señor!".

Tras muchos días de orar con esta "oración de queja", Dios me habló, no con una respuesta, sino con una pregunta. Me preguntó: *"David, ¿qué tan grande necesitas un edificio para que quepa toda una generación?"*. Me quedé sin palabras.

Lo que el Señor me estaba enseñando era su forma de pensar. Dios no piensa en edificios, sino en generaciones. Dios no piensa en metas, sino en conceptos. Dios no piensa en ideas, sino en propósitos.

Si Dios te está llevando a un punto de estancamiento (estancamiento, confusión, una temporada de desierto, adversidad, etc.), es precisamente por esto. Él quiere revelarte sus pensamientos. Este es mi consejo:
1. Escribe todas tus preocupaciones en un papel.
2. Llévaselas a Dios en oración.
3. Pídele su opinión específica sobre el asunto.
4. Prepárate para vivir en gozo y paz en el Espíritu Santo.

Neh'enah.

23

¡No Desperdicies Las Innumerables Posibilidades Que Se Esconden en Las Palabras de Dios!

"Ahora bien, los hombres que Moisés envió a reconocer la tierra, quienes regresaron e hicieron que toda la congregación se quejara contra él trayendo un mal informe de la tierra, esos mismos hombres que trajeron el mal informe sobre la tierra, murieron por la plaga ante el Señor. Pero Josué hijo de Nun y Caleb hijo de Jefone sobrevivieron, de los hombres que fueron a reconocer la tierra." (Números 14:36-38)

No hay nada como comenzar un nuevo año con esperanza en el corazón y un espíritu despierto en el Señor. Junto con una lista de metas y objetivos para el año entrante, también quiero agregar este poderoso principio: *"No desperdicies las innumerables posibilidades que se esconden tras las palabras de Dios"*.

Al meditar en estos versículos específicos, encontré una verdad convincente escondida en la historia de los doce espías. Fue increíble cómo diez de los doce espías (debido a su miedo) no entraron en la Tierra Prometida de Dios. Los únicos dos que pasaron la prueba fueron Josué y Caleb.

Ahora, profundicemos un poco más y estudiemos cómo el miedo nos paraliza.

Hay dos posibilidades cuando Dios habla. Una es creer y cosechar los beneficios, mientras que la otra es NO creer y cosechar las consecuencias. Solía pensar que seguir a Dios era complicado, pero ahora he aprendido que depende de mí que funcione.

Si, después de que Dios nos ha hablado, no estamos convencidos, nos quedamos solo con una vida de miedo, duda e incredulidad. Uno pensaría que esta es la peor parte de negar las palabras de Dios, pero no lo es; empeora. Escuchen esta trágica historia: **"Los hombres que Moisés envió a reconocer la tierra, quienes regresaron e hicieron que toda la congregación se quejara contra él trayendo un mal informe de la tierra, esos mismos hombres que trajeron el mal informe de la tierra, murieron por la plaga delante del Señor..."**

¿Estás leyendo esto? ¿Lo entendiste? Todo espía que Moisés envió y que trajo un mal informe sobre la tierra "murió por la plaga ante el Señor". En resumen, Dios los mató a todos.

Aquí está lo aterrador que trae consigo el miedo. Provoca muerte espiritual. Si hay algo peor que la muerte natural, es la muerte espiritual. ¿Te imaginas a un hombre o una mujer caminando SIN ESPÍRITU? ¡Ni siquiera Hollywood podría escribir un guion tan horrible!

Eso es precisamente lo que les pasó a los diez espías que fueron a explorar el terreno: ¡perdieron su esencia! Piénsalo: un hombre sin corazón. Cuando elegimos temer en lugar de obedecer, finalmente morimos. Entonces, nuestra vida, lenta pero seguramente, pierde el entusiasmo por vivir.

En los últimos años, he conocido a creyentes sinceros y honestos que desean caminar en un plano superior con Dios. Su deseo es puro y su ambición, piadosa. Sin embargo, en toda su búsqueda de Dios, han perdido la vida que Dios les prometió porque no siguen sus mandamientos.

Creo que la iglesia se equivoca gravemente al creer que Dios lo hará todo por ellos y que solo deben saltarse su promesa sin apenas esfuerzo. ¡No lo creo! ¡Cada paso que damos en Dios requiere fe y acción! Nunca olviden esto.

Al concluir esta breve devoción, escuchen esta historia de victoria: **"Pero Josué hijo de Nun y Caleb hijo de Jefone sobrevivieron, de los hombres**

que fueron a reconocer la tierra". La Escritura afirma explícitamente que Josué y Caleb sobrevivieron. La palabra "vivieron" en hebreo significa "vivir; cobrar vida; dar vida". ¿Te arde el corazón ahora mismo? ¡Debería!

Si obedecemos a Dios y dejamos atrás nuestros miedos y dudas, Dios nos vivificará (nos hará cobrar vida), ¡y entonces podremos dar vida! ¿Ves el valor de obedecer las palabras y promesas de Dios? ¿Ves cómo nuestra obediencia nos impactará primero a nosotros y luego a quienes nos sucedan, la siguiente generación?

La próxima vez que Dios te hable o te comparta una visión, un sueño o una palabra profética, no la descartes rápidamente. Puede que en su interior se escondan instrucciones que te lleven a tu próxima oportunidad. Reflexiona profundamente sobre esto. Neh'enah.

24

¿Navidad o Más de Cristo?

"Porque nos ha nacido un Niño, nos ha sido dado un Hijo; y el gobierno estará sobre sus hombros, y se llamará su nombre: Admirable, Consejero, Dios Poderoso, Padre Eterno, Príncipe de Paz. Lo dilatado de su gobierno y la paz no tendrán fin, sobre el trono de David y sobre su reino, para establecerlo y sostenerlo con justicia y rectitud desde el principio hasta el fin, y para siempre. El celo del Señor de los ejércitos hará esto." (Isaías 9:6, 7 NVI)

Ha llegado otra Navidad, y una vez más, estamos rodeados de las tradiciones de este día tan especial. Diferentes culturas alrededor del mundo celebran la Navidad a su manera, y su impacto es profundo.

Jesucristo, nuestro Salvador, se celebra con comida, familia, amigos, regalos y sermones sobre el significado de la Navidad.

Estos son los momentos en que las iglesias de todo el mundo demuestran su profunda fe en nuestro Salvador, Jesús, y la expresan mediante música, representaciones teatrales, videos y otros eventos especiales. ¡Es realmente algo muy importante!

Mientras conducía por la autopista hacia una de mis escuelas, el Espíritu Santo comenzó a compartir su corazón conmigo en esta importante festividad. Normalmente no soy muy bueno en las materias navideñas; sin embargo, me encanta la época navideña. Me encanta escuchar repetidamente la historia de nuestro Salvador venidero. Nunca olvidaré recordarme cuánto amó Dios, el Padre, al mundo que envió a Cristo a morir por mí. ¡Bendito Rey!

Aclaro esto: ¡la Navidad significa más de Cristo!

El intercambio de regalos, las reuniones familiares, los almuerzos y cenas, el árbol de Navidad y las luces, las galletas navideñas de azúcar, ¡sí, todo habla de Jesucristo, el Rey recién nacido!

Desde que el profeta Isaías profetizó la venida de Jesucristo, el Mesías (más de setecientos años antes de que Cristo naciera), aprendemos sobre el propósito de Dios al enviar a su Hijo Jesús. Analicémoslo:

1. *"El gobierno estará sobre sus hombros...."* Esto destaca el establecimiento del Reino de Dios en el corazón humano. Jesús vino a reinar en el espíritu humano. Tú y yo somos parte de un reino inquebrantable. Ahora somos soldados bajo su mando. Él es el Señor, y nosotros somos las ovejas de su prado.

2. *"...Se llamará su nombre Admirable, Consejero, Dios Fuerte, Padre Eterno, Príncipe de Paz...."* Cuando Jesús entra en el corazón humano, se convierte inmediatamente en tu Consejero, tu Dios Fuerte, tu Padre y tu Paz. ¡Esta es una de las razones por las que decimos que el mundo necesita a Jesús! Él llena todos los vacíos del corazón humano. A Dios sea la gloria ahora y por siempre.

3. *"...Lo dilatado de su gobierno y la paz no tendrán fin..."* Llenarse de las bendiciones que Cristo vino a traer a nuestros corazones y seguir creciendo en ellas, de gloria en gloria, es la esencia misma de la Navidad. Si nos atrevemos a creer en el aumento de su gobierno y la paz, no tendrán fin. Cuanto más anhelemos ser llenos de su Espíritu Santo, mayor será nuestro anhelo por más de Jesús. ¡Mantengamos la sed, amigos!

Que esta Navidad sea la más especial hasta ahora. Que el Señor los renueve en su amor y pasión. Pídele a Dios que te llene hoy con MAS [más] de Él, junto con mayor sabiduría y fortaleza, acompañados de un creciente sentido de adopción y una paz eterna. Neh'enah.

25

¡Llamando la Atención de Dios!

"Y cuando Jesús volvió a cruzar en la barca a la otra orilla, se reunió una gran multitud a su alrededor, y estaba a la orilla del lago. Entonces se acercó uno de los principales de la sinagoga, llamado Jairo; y al verlo, se postró a sus pies y le rogó con insistencia, diciendo: «Mi hijita está a punto de morir. Ven y pon las manos sobre ella para que sane y viva». Y Jesús fue con él; y una gran multitud lo seguía y lo apretujaban por todos lados [hasta casi asfixiarlo]." (Marcos 5:21-24)

Qué historia tan maravillosa nos dejó Marcos, y un testimonio aún más notable para Jairo, uno de los principales de la sinagoga. ¿Quién dijo que los líderes no necesitan a Dios?

Puedes ser un líder con gran habilidad y talento. Puedes tener carisma y estatus, pero el carácter distingue a un líder de los demás. Sí, principalmente un corazón humilde, contrito y quebrantado.

En la historia anterior, Jairo se entera de que Jesús está en la ciudad y, con una necesidad urgente, decide actuar. Quiero que noten algo aquí: el secreto para llamar la atención de Dios. Aprendamos de Jairo:

Primero, a Jairo no le importaba ser un líder en la sinagoga. No le importaba si la gente lo observaba o si lo criticaban. ¡Jairo se movió y se puso frente a Jesús!

Aquí está la primera clave para captar la atención de Dios: «**Cuando Jairo lo vio...**». Todos vemos a Cristo, pero a muchos no les conmueve; no nos conmueve en ningún sentido. Nuestra visión de Cristo está congelada y sin vida. Lo vemos, y no nos acerca a él.

La Biblia dice que Jairo lo vio y «**se postró a sus pies y le rogó con insistencia...**». Si esto no capta la atención de Dios, entonces no sé qué lo hará.

La mayoría de las oraciones quedan sin respuesta porque no captamos la atención de Dios. No lo vemos, y si lo vislumbramos, no lo adoramos. ¡La verdadera adoración se trata de abrir nuestro corazón, arrodillarnos y alabar a Jesús!

Debe haber adoración primero en todas nuestras súplicas a Dios. ¿Acaso captamos la atención de Dios al postrarnos a sus pies? ¿O creemos que Dios se detiene solo porque decimos que tenemos una necesidad? ¡Vamos! ¿A quién engañamos?

¡Solo Adoración!

Durante la oración personal en las primeras horas de la mañana, me gusta entrar en su presencia con adoración. No pido nada ni hago ninguna petición; me postro ante Él y le expreso innumerables sentimientos en mi corazón sobre lo que Él significa para mí.

Después de adorarlo, sigo lo que el Espíritu me guía. Ya sean oraciones de confesión, peticiones o intercesiones, ¡mi obra ya está hecha mientras adoro su santo Nombre!

Adorando al Estilo de Jairo.

Jesús no podía ir a ninguna parte porque Jairo lo abrazaba con fuerza en su adoración. Al mirar a Jesús le dijo: «*...mi hijita está a punto de morir. Ven y pon tus manos sobre ella para que sane y viva*». ¿Cómo puede nuestro asombroso Rey de reyes ignorar a este hombre? ¿Cómo puede Cristo ignorar a un hombre que se ha postrado a sus pies con tanta sinceridad? ¿Entienden lo que digo? El verdadero llamado de todo hombre o mujer de Dios es adorar primero.

Mis queridos amigos, Dios nunca hará oídos sordos cuando caigamos a sus pies, y no nos ignorará ni nos pedirá que nos hagamos a un lado. ¡No, señor! ¡Nuestra fe y nuestro quebrantamiento lo conmoverán! Cuando recibamos toda su atención, Él responderá como corresponde. Neh'enah.

26

¡Cree con el Corazón y Actúa! - Parte 1
Factores Críticos en el Liderazgo Visionario

"Entonces dijeron: "¿Qué debemos hacer para que [habitualmente] obremos las obras de Dios? [¿Qué debemos hacer para llevar a cabo lo que Dios requiere?]" Jesús respondió: "Esta es la obra (servicio) que Dios pide de ustedes: que crean en Aquel a quien él ha enviado [que se adhieran a, confíen, dependan y tengan fe en Su Mensajero]" (Juan 6:28, 29 NVI).

Cuando hablamos de las obras de Dios, muchos esperan que ocurra un milagro, o incluso asumen que las acciones de Dios son similares a abrir el Mar Rojo, cruzar el río Jordán o causar la caída de los muros de Jericó. Pero ¿son estas realmente obras de Dios, o son el resultado de alguien que deposita su amor, confianza y plena seguridad en Dios para que ocurran milagros?

¡Creo!

Curiosamente, muchas personas afirman tener fe e incluso dicen con valentía: "Creo", pero sus promesas nunca parecen materializarse ni dar señales de lo que se supone que Dios les dio. ¿A qué crees que se debe esto?

Una y otra vez, he escuchado a muchos creyentes exclamar: "¡No sé por qué no logro salir de esta rutina!". "Llevo años orando y creyendo que algo sucederá, pero no consigo nada bueno". ¿Te suena familiar? ¿Alguna vez has sentido que Dios no está de tu lado, pero en la vida de otros todo fluye con fluidez?

¿Por qué algunas personas sienten que todo es imposible? Es como si una sombra de oscuridad los cubriera. Lo intentan una y otra vez, pero nada cambia. Ayunan, oran, leen la Palabra de Dios y asisten a conferencias y reuniones espirituales, ¡pero nada sucede en sus vidas! Al mismo tiempo, en la vida de otras personas, todo parece fácil; parecen estar en el lugar correcto en el momento correcto, ¡y todo les sale sobre ruedas! Su mundo se siente lleno de infinitas posibilidades. Una vez más, ¡todo lo que desean parece escapársele de las manos!

¡Es verdaderamente una cuestión de fe!

Antes de comenzar esta serie, reflexionemos sobre la fe y lo que un corazón lleno de ella puede lograr.

Escuchen las palabras de Jesús: «De cierto les digo que si alguien dice a este monte: **"Quítate y échate al mar", y no duda en su corazón, sino que cree que sucederá, le será hecho**» (Marcos 11:23). Este versículo, sin duda, contiene la clave para que el poder milagroso de Dios fluya en tu vida.

Si el poder de Dios comienza a fluir en tu vida gracias a tu fe, nada te será imposible. ¡Las obras de Dios están conectadas con la fe de Dios obrando en ti y a través de ti!

Fundamentos de la Fe

Para que la fe se active en tu vida, debes tener plena confianza en tu corazón y creer que sucederá tal como lo has creído. La clave de la fe es que debe estar arraigada en el corazón, no solo en la mente.

Hace años, me encontré con una cita: «No consigues lo que quieres; solo consigues aquello en lo que crees». Creo en este principio.

Ruego que tu liderazgo visionario alcance un nuevo nivel en Dios. Que tu vida se llene de la fe de Dios para que puedas influir positiva y creativamente en tu mundo. Neh'enah.

27

¡Cree con el Corazón y Actúa! - Parte 2
Factores Críticos en el Liderazgo Visionario

"De cierto os digo que si alguno dice a este monte: "Quítate y échate en el mar", y no duda en su corazón, sino que cree que sucederá, le será hecho." (Marcos 11:23).

La semana pasada, comencé a desarrollar este estudio y mencioné que es esencial que el líder crea con el corazón si quiere cumplir los propósitos de Dios en su vida. Todo lo que viene del Señor debe discernirse espiritualmente; para eso, requiere fe: la fe de Dios.

Todo lo que Dios nos revela a través de su Palabra o su Espíritu debe recibirse por la fe de Dios.

Hay demasiadas personas con ideas brillantes, pero lo que se necesita no son ideas; es un toque de Dios que el líder requiere. Todo toque de Dios viene por medio de la revelación. Demasiados creyentes y predicadores andan por ahí enseñando ideas metafísicas que carecen del poder de Dios. La idea absurda de que confesar algo con la boca lo hará realidad es una de las mayores distorsiones del evangelio de Jesucristo en los tiempos modernos.

¡Creer con el Corazón!

Hace años, escuché a un hombre de Dios decir: «No consigues lo que quieres; solo puedes conseguir lo que crees».

Hay una fórmula detrás de esto; no es solo una creencia inconsciente ni una alineación de las estrellas. Dios ha establecido una ley que, cuando se cree en ella y se honra, te traerá experiencias poderosas que cambiarán tu vida.

Creer implica NO dudar de corazón. Cualquiera que sea la descarga que recibas de Dios, acéptala y actúa de inmediato, a menos que el Señor te diga específicamente que esperes un tiempo determinado. Así es como ocurren los milagros. Lo contrario sería recibir la guía del Señor y no seguirla; entonces, naturalmente, no ocurre nada.

¿Es cierto lo que Dios dice?

La duda mata cualquier palabra, promesa, visión o idea del Señor. La palabra duda significa, en su sentido original, "distinguir; juzgar". En otras palabras, cuando dudamos, distinguimos o juzgamos si las palabras de Dios son válidas. Muy interesante.

Al estudiar esto, veo cómo surge la duda. Recuerda, la duda es fruto de la carne. La carne desafiará y rechazará cualquier cosa relacionada con Dios. Si la fe no se aferra rápidamente a lo que Dios dice, la carne interviene y ahoga los deseos de Dios.

Ahora bien, si actuamos con fe (la confianza que Dios nos ha dado, confiando en que Él nos apoya en nuestra decisión), ¡la tarea se cumplirá! ¡Guau! Suena demasiado simple. Bueno, suena simple, y lo es.

Más de Cristo y menos de mí es lo que los creyentes deberíamos orar y cantar repetidamente. Este es el deseo de mi corazón: menos de mi carne y más del poder del Espíritu fluyendo en mí y a través de mí.

Recuerda esto: Todo comienza con una palabra de Dios (conocimiento revelado); luego, esta palabra debe ser aceptada por fe. Si creemos sinceramente que Dios obra en nosotros al darnos su mandato, ¡lo haremos! Nuestra acción siempre debe seguir sus instrucciones.

Toma nota: Dios está obrando a través de nosotros para cumplir el deseo de su corazón. Neh'enah.

28

¡Cree con el Corazón y Actúa! - Parte 3
Factores Críticos del Liderazgo Visionario

"Y regresaron de reconocer la tierra después de cuarenta días. Partieron y regresaron a Moisés y Aarón y a toda la congregación de los hijos de Israel en el desierto de Parán, en Cades; les dieron la noticia a ellos y a toda la congregación, y les mostraron el fruto de la tierra. Entonces le informaron, diciendo: "Fuimos a la tierra adonde nos enviaste. Verdaderamente mana leche y miel, y este es su fruto. Sin embargo, el pueblo que habita en la tierra es fuerte; las ciudades están fortificadas y son muy grandes; además, vimos allí a los descendientes de Anac. Los amalecitas habitan en la tierra del sur; los hititas, los jebuseos y los amorreos habitan en las montañas; y los cananeos habitan junto al mar y a lo largo de las orillas del Jordán." Entonces Caleb calmó al pueblo delante de Moisés, y dijo: Subamos luego y tomemos posesión de ella, porque podemos más que él. Pero los hombres que habían subido con él dijeron: «No podemos subir contra ese pueblo, porque es más fuerte que nosotros». Y dieron a los hijos de Israel un mal informe de la tierra que habían explorado, diciendo: «La tierra por donde hemos pasado como espías es una tierra que devora a sus habitantes, y toda la gente que vimos en ella son hombres de gran estatura. Allí vimos a los gigantes (los descendientes de Anac descendieron de los gigantes); y éramos como langostas a nuestros propios ojos, y lo mismo éramos a sus ojos». (Números 13:25-33)

La verdad sobre la intervención de Dios en nuestras vidas es para que comprendamos su excelente plan; luego nos inspira a salir en su nombre y recibir la promesa. Nada anima más a una persona que cuando su corazón se despierta con una nueva visión del cielo.

Los hijos de Israel habían recibido una gran promesa, y ahora les había llegado el momento de tomar posesión de su tierra. Solo había un pequeño problema: no podían imaginarse entrando.

Verán, debido a que no confiaron en las palabras del Señor durante los pequeños desafíos del pasado, ahora tendrían dificultades con este gran desafío. Lo mismo nos sucede a nosotros. ¡Las pequeñas pruebas nos preparan para las más grandes!

Con valentía y audacia, desafiaron a Dios a enviar espías a explorar la tierra prometida en su nombre. Los espías debían ir, evaluar la tierra e informar de sus hallazgos. Y así lo hicieron.

Después de cuarenta días, los espías regresaron con una conclusión: «Creemos que Dios es poderoso, pero ¿realmente examinaste a esos gigantes? Parecen invencibles». Así que votaron por mayoría (diez a dos) no tomar la tierra. ¡Esto enfureció mucho a Dios!

¿Con qué frecuencia perdemos oportunidades maravillosas de crecer? ¿Por qué dejamos que nuestros corazones nos engañen, incluso cuando arden de convicción para seguir adelante? ¿Qué hay de nuestras mentes llenas de visiones proféticas de la promesa, pero obstaculizadas por el temor de que algún gigante nos aplaste?

Hoy, gracias a Dios, no somos como los diez espías que dudaron y tuvieron miedo. Tú y yo no somos de la raza del miedo: «**Porque no os ha dado Dios espíritu de cobardía, sino de amor, de poder y de dominio propio**» (2 Timoteo 1:7).

¡Hemos sido llamados a vencer cualquier circunstancia! Cada prueba y tribulación nos ayuda a crecer y madurar mientras nos enfocamos en las cumbres de las promesas proféticas. Al igual que Jesús, nuestro Señor, hemos endurecido nuestro rostro y moldeado nuestro corazón hacia el destino que Dios nos ha dado. ¡Tenemos todo lo necesario para triunfar!

Cuando Dios habla, su palabra profética realiza tres acciones en nosotros. Estas son:

1. Nuestra mentalidad cambiará. Nada es más convincente para nuestra mente física que Dios revelando su presencia y derramando visiones celestiales en nuestros corazones. Una vez que nuestra mente es cautivada por un reino superior, nuestra alma y cuerpo la seguirán.

2. Nuestras almas serán avivadas. Ser avivado significa revivir o cobrar vida. Una vez que nuestro espíritu se comunica con nuestra alma, cada emoción anhelará el corazón y el propósito apasionados de Dios.

3. Nuestro cuerpo se energizará. Una vez que nuestro espíritu y alma despierten, nuestro cuerpo, renovado con energía y unción, enfrentará todo lo que se interponga en su camino, incluyendo miedos, dudas, fracasos e incertidumbres.

Al terminar estas palabras, tómate un momento para reflexionar sobre las últimas notas de esta serie. Dios ya ha hecho todo lo necesario para que tengas éxito. Si no estás creciendo, quizás no estés viviendo por fe. Todo lo que Dios dice debe seguirse para que dé fruto.

Si no das fruto, no es porque Dios no quiera bendecirte. Quizás estés luchando contra la duda y el miedo. Es hora de examinar tu corazón y devolverlo al diseño original de Dios. Neh'enah.

29

¡Con Razón los Orgullosos Nunca Ganan!

"Pues mirad, hermanos, vuestra vocación: no sois muchos sabios según la carne, ni muchos poderosos, ni muchos nobles. Sino que lo necio del mundo escogió Dios para avergonzar a los sabios, y lo débil del mundo escogió Dios para avergonzar a lo fuerte; y lo vil del mundo y lo menospreciado escogió Dios, y lo que no es, para deshacer lo que es, a fin de que nadie se jacte en su presencia." (1 Corintios 1:27-29)

Esta semana, me encontré con esta parte de la Palabra de Dios durante mi tiempo devocional y reflexioné sobre por qué Dios favorece a los humildes y quebrantados, mostrándoles su favor de maneras asombrosas.

Permítanme compartir algunas cosas sobre este tema y explicar por qué Dios concede este increíble favor a quienes verdaderamente lo comprenden.

La primera verdad que debemos aceptar es esta: el Señor no permitirá que nada creado le robe su gloria; no permitirá que ningún ser humano sea glorificado en su presencia. Un hombre puede dejarse llevar por sus habilidades y talentos hasta un punto perjudicial; ¡es posible! Un hombre puede ser tan orgulloso y arrogante; con esto me refiero a estar tan lleno de sí mismo que Dios no lo soporta. Escuchen las palabras del apóstol Santiago: «**Dios resiste a los soberbios, pero da gracia a los humildes**» (Santiago 4:6). ¡No lo dije yo, lo dijo Santiago!

¿Qué significa la palabra resistir? En su sentido griego original, significa confrontar en batalla, oponerse o mantenerse firme. ¿Qué te parece? Los orgullosos no son del agrado de quienes los rodean, y Dios mismo se ha opuesto a ellos. ¿Te gustaría estar en una lucha contra Dios? ¿Te das cuenta de lo absurdo que suena? Sin embargo, muchos intentan burlar a Dios. ¿Es de extrañar que los orgullosos nunca ganen?

Ahora, exploremos otro secreto. ¿Por qué Dios se siente tan atraído por los humildes y quebrantados?

La humildad y el quebrantamiento siempre han sido la clave para el favor de Dios. Quienes adoptan este estilo de vida nunca carecerán de nada bueno. ¿Cómo puede alguien que busca a Dios primero en todos los asuntos de la vida ser ignorado por el Señor? Nunca sucederá, porque Dios se siente atraído por todos aquellos que están dispuestos a ser un instrumento para Él.

Verás, Dios lo sabe todo sobre la vasija. Dios conoce cada intención genuina del corazón. Los humildes no tienen ningún interés en esconderse de su Creador. Con razón Dios se siente tan atraído por este tipo de corazón; sí, por aquellos que anhelan Él.

¡Liderando con Quebrantamiento!

El liderazgo de alguien con un corazón quebrantado y humilde es el arma más poderosa. Dios necesita una plataforma para actuar; tu corazón y el mío sirven como esa plataforma. Si nos humillamos, Dios vendrá y nos enseñará sobre nosotros mismos y nuestro oficio, y nos confiará las llaves para gobernar con eficacia.

Cuando el hombre o la mujer de Dios anhela que la gloria de Dios se revele a través de él o ella, y busca la humildad y el quebrantamiento como su norma ante el Señor, Dios vendrá con ternura y desatará su gloria y poder. **"Porque eres pueblo santo para Jehová tu Dios; Jehová tu Dios te ha escogido para serle un pueblo especial, más que todos los pueblos que están sobre la tierra. No por ser vosotros más numerosos que todos los pueblos os ha querido Jehová ni os ha escogido, pues erais el más pequeño de todos los pueblos...."** (Deuteronomio 7:6, 7)

La Escritura en Deuteronomio muestra que Dios no eligió a Israel por ser una nación fuerte; los eligió por ser pequeños e insignificantes. Dios puso su corazón en ellos y los amó por su humildad. Hará lo mismo por nosotros.

Nunca debemos olvidar nuestro lugar en Dios. Él es primero que todo; Él guía, y nosotros lo seguimos. Neh'enah.

30

¡Vacilación Impía!

"Entonces los once discípulos se fueron a Galilea, al monte que Jesús les había ordenado. Al verlo, lo adoraron; pero algunos dudaron." (Mateo 28:16-17)

Esta mañana, mientras meditaba profundamente, me encontré con otro pasaje de la Palabra de Dios y sentí el Espíritu de Dios sobre mí con respecto a esta verdad oculta. Al leer y releer este pasaje de Mateo 28, el Espíritu Santo me hizo notar algo que podría afectarnos significativamente como fieles seguidores de Cristo. Así que, permítanme compartir esta verdad vital tal como Dios me la reveló.

Consideremos el contexto: Jesús acababa de resucitar y les dijo a sus once discípulos que se encontraran con él en el monte de Galilea. Mientras esperaban con anticipación para ver qué sucedería, Jesús apareció repentinamente. Lo que sucedió en los minutos posteriores en la vida de estos discípulos nos enseñará una lección importante sobre nuestra comprensión de Cristo.

"Cuando lo vieron..." Nunca he presenciado una resurrección, pero si tuviera la oportunidad, solo puedo imaginar lo que eso haría en mi mente y corazón. Sé que, sin duda, mi fe daría un salto enorme.

Al reflexionar sobre la vida de estos seguidores de Cristo y su testimonio presencial de su resurrección, uno podría pensar que, después de ver a Jesús resucitado en forma corporal, todos los discípulos habrían caído rostro en tierra, abrumados por la emoción ante este milagro. ¡Imagínense esto!

Ahora bien, la Escritura dice que algunos "lo adoraron". Pero mi observación crítica me hace preguntarme por qué "algunos dudaron". Mi respuesta inmediata sería: "¿Cómo pueden dudar? Este es el Cristo resucitado en carne, sangre y color vivo. ¡Estuvo muerto y ahora está vivo! ¡Vamos, gente!"

En cierto modo, me impacta su incredulidad, pero en otro, ¡no me sorprende!

Mientras oraba y buscaba a Dios sobre este asunto, el Espíritu Santo me lo dejó muy claro: David, todo lo que viene de Dios debe recibirse por fe.

Solo a través de los ojos y el corazón de la fe se puede conocer verdaderamente a Dios. Es la única manera de ver, comprender, conectar, ser guiado y recibir algo del Señor. Santiago lo expresó mejor en su epístola cuando escribió:

"Solo que debe ser con fe, sin vacilar (sin titubear, sin dudar). **Quien vacila** (vacila, duda) **es como la ola embravecida del mar, que es arrastrada por el viento. Porque, en verdad, que esa persona no piense que recibirá algo del Señor, pues, siendo como es, un hombre de dos mentes** (vacilante, dubitativo, irresoluto), **es inestable, poco fiable e inseguro en todo** (piensa, siente, decide)." (Santiago 1:6-8 NVI)

Mi conclusión: Si dudamos en seguir la guía del Espíritu del Señor, terminaremos sin nada. Una persona de doble ánimo nunca podrá ver el gran potencial que Dios tiene preparado para ella. Esta vacilación impía obstaculizará toda bendición que podría conducirnos a una vida más extraordinaria para los creyentes. Dos tipos de discípulos

Los discípulos en el monte de Galilea se pueden dividir en dos grupos: (1) Los que vieron a Jesús y lo adoraron —estos tenían corazones entusiastas y reconocieron rápidamente la belleza de Dios en el Cristo resucitado— y (2) los demás, que tendían a ser indecisos y dubitativos.

Dudar de Dios puede parecer insignificante, pero pronto veremos que esta mentalidad tiene un impacto perjudicial. Como resultado, todo quedó en suspenso para ellos. Quedaron paralizados por la duda y la incredulidad. ¿Conoces a alguien que esté espiritualmente paralizado? ¡Quizás seas tú! Es hora de evaluar.

Quizás sea solo yo, pero nunca he visto a tantos creyentes viviendo con tanto miedo y duda; parecen estar dominados por la incertidumbre, el temor y la incredulidad. Sus vidas parecen estar constantemente en pausa, y nunca se hace nada para cumplir el propósito de Dios para ellos. Me viene a la mente el estancamiento.

Discípulos Vencedores

Quiero compartir un poco sobre cómo un discípulo puede superar sus miedos, tentaciones, dudas, etc.

Dos cosas me vienen a la mente: Gálatas 2:20: **«Con Cristo estoy juntamente crucificado, y ya no vivo yo, mas vive Cristo en mí».** Esta Escritura debe hacerse real en el corazón del siervo. Si el siervo de Dios no muere a sí mismo, continuará luchando contra la incertidumbre por el resto de sus días.

En segundo lugar, es necesario practicar activamente el ayuno. Veinticuatro horas sin comer equivalen a un día de ayuno. Comprométete a trece días de un breve ayuno, además de dedicar una hora cada mañana a la oración; Lee un capítulo de la Palabra de Dios y aplícalo a diario, y sé testigo del poder de Dios obrando en ti. ¡Y luego sorpréndete!

Creo que ha llegado el momento de confiar en Dios por lo que nos ha prometido. Es hora de avanzar con renovada pasión y celo por el Señor y su iglesia. ¡Es hora de que Dios nos guíe por su Espíritu hacia nuestras promesas proféticas! Neh'enah.

31

¡Hace Mucho Viento!

"¡Despierta, viento del norte, y ven, viento del sur! Sopla sobre mi jardín, y se esparcirán sus aromas." (Cantar de los Cantares 4:16)

Cuando hablamos de la acción de Dios, ¡podemos estar seguros de que ocurrirán cambios significativos! Cuando Dios obra en nuestras vidas, las cosas cambian y surgen cosas nuevas.

El crecimiento y el cambio van de la mano, y quienes aceptan el cambio pueden transformar sus vidas positivamente, o pueden quedar paralizados por el miedo y la duda. La clave está en cómo interpretamos el viento que sopla sobre nosotros.

Para algunos, los vientos fuertes tienen un efecto negativo. Se sienten atacados y abrumados por fuerzas opuestas. Otros ven la ventaja de los vientos fuertes. Los ven como una purificación o la eliminación de lo viejo.

Uno de los mayores obstáculos para cualquier cambio es nuestra mentalidad. Quienes entrenan su mente y se disciplinan para los desafíos siempre aprenden las lecciones más valiosas y ven los beneficios generales, incluso al enfrentarse a la oposición.

He llegado a creer y saber que es cierto que no hay mayor obstáculo para nuestro crecimiento personal que nuestras zonas de confort. Lo familiar siempre nos ha mantenido seguros y contentos hasta que pierde su eficacia.

Me recuerda la historia del profeta Elías cuando estaba junto al arroyo. Escuchen:

Volumen 1

"Entonces la palabra del Señor vino a él, diciendo: "Apártate de aquí, gira hacia el este y escóndete junto al arroyo Querit, que desemboca en el Jordán. Beberás del arroyo, y he ordenado a los cuervos que te alimenten allí". Así que fue e hizo conforme a la palabra del Señor, pues se quedó junto al arroyo Querit, que desemboca en el Jordán. Los cuervos le trajeron pan y carne por la mañana y pan y carne por la tarde; y bebió del arroyo. Y sucedió que después de un tiempo, el arroyo se secó, porque no había llovido en la tierra. Entonces la palabra del Señor vino a él, diciendo: "Levántate, ve a Sarepta, que pertenece a Sidón, y quédate allí". Mira, he ordenado a una viuda que te sustente allí." (1 Reyes 17:2-10)

Ten en cuenta que cuando el río se secó, Dios le dijo que se fuera. Junto con la instrucción de moverse, Dios le dijo a Elías exactamente adónde ir y cómo sería provisto.

Mi querido amigo y siervo, ¿puedes ver a Dios extendiendo tu vida a mayores niveles de fe? ¿Puedes ver al Señor obrando en tu vida y elevándote a un nivel superior en Él? Si no puedes sentir la acción del Señor, pídele que te la revele. ¡Es esencial que reconozcas su presencia en tu vida!

Creo que el Señor está obrando una vez más y nos está guiando hacia una mayor plenitud: un lugar de mayor gloria, un deseo más profundo y una pasión por que su voluntad se cumpla en nuestras vidas.

El mayor obstáculo en la época de Jesús probablemente fueron los grupos religiosos de su época.

Los fariseos, saduceos y escribas formaban parte de los grupos religiosos que ejercían la autoridad "espiritual" sobre la religión en Jerusalén. Seguían las antiguas enseñanzas de la Ley y los profetas. Tenían un objetivo claro: "¡Seguir a Moisés!". Las cosas debían hacerse mediante su autoridad, o de lo contrario...

Para ellos, cualquier cosa diferente a lo que habían experimentado, visto o leído no provenía de Dios. Eran tan religiosos que no podían ver cómo se perdían la plenitud de Dios.

Escuchen Isaías 35: este capítulo se recitaba repetidamente en sus reuniones de la sinagoga cada sábado, cada festividad, etc. ¡Nunca lo conectaron con el AHORA!

Eran aptos para seguir la Ley y los profetas, pero esta era solo la mitad de la revelación. La otra mitad había llegado en la forma de Jesús. «**Y de su plenitud tomamos todos, y gracia sobre gracia. Porque la ley por medio de Moisés fue dada, pero la gracia y la verdad vinieron por medio de Jesucristo**» (Juan 1:16-17).

Los grupos religiosos se perdieron la llegada del gran Rey y no toleraban que otros lo vieran como Rey. Sus celos finalmente se convirtieron en odio y asesinato.

Jesús realizó muchos milagros en sábado, lo cual no les cayó muy bien a los líderes religiosos. Creían que Jesús quebrantaba la ley de Dios al trabajar en sábado. Jesús les dijo que no entendían el sábado.

En cierto momento, les dijo que el sábado fue hecho para el hombre, no el hombre para el sábado. Y les dijo: «**El sábado fue hecho para el hombre, y no el hombre para el sábado. Por lo tanto, el Hijo del Hombre también es Señor del sábado**» (Marcos 2:27-28). En otras palabras, el hombre no está esclavizado por un día, sino que ese día puede usarse para glorificar a Dios.

Luego vino una de las declaraciones más importantes de Jesús a los fariseos:
«**No piensen que vine a abrogar la ley o los profetas. No vine a abrogar, sino a cumplir**» (Mateo 5:17).

Como pueden ver, Jesús no quebrantó ninguna ley ni faltó al respeto a nadie; vino a completar lo que faltaba. Vino a expresar la plenitud de Dios. **Nadie echa vino nuevo en odres viejos; de lo contrario, el vino nuevo reventará los odres y se derramará, y los odres se echarán a perder. Pero el vino nuevo debe echarse en odres nuevos, y ambos se conservan. Y nadie, después de haber bebido vino añejo, desea inmediatamente uno nuevo; porque dice: "El añejo es mejor"** (Lucas 5:37-39).

Jesús dijo que el vino nuevo debe echarse en odres nuevos. Los odres y recipientes viejos eventualmente se romperían durante la fermentación, derramando todo el vino nuevo.

Creo que Jesús intentaba mostrarnos que, en el nuevo mover de Dios, debemos renovar nuestros corazones y mentes para poder contener lo nuevo que Dios está haciendo. Nuestras mentes necesitan comprender que Dios nos está guiando hacia la tierra. Nuestros corazones también necesitan expandirse y ver que Dios nos está mostrando una visión más amplia de sí mismo. Este nuevo mover revela otra parte de su naturaleza.

Es cierto lo que Jesús dice al final de este versículo: «**Y nadie que haya bebido vino añejo desea inmediatamente el nuevo; porque dice: "El añejo es mejor"**. ¿No es así?

Cuando nos sentimos cómodos con lo que sabemos, lo que hemos visto y oído, o lo que no requiere fe, naturalmente concluimos: "**¿Para qué molestarse en aprender algo nuevo o para qué caminar sobre el agua cuando podemos subirnos a una barca?**".

Debemos acoger las nuevas revelaciones de Dios porque son esenciales para nuestro crecimiento en Él. Siempre que Dios comienza a revelarse a nosotros, es para capacitarnos o guiarnos a profundizar en su plan... así que deja que los vientos soplen en tu jardín. Neh'enah.

32

¿Eres Consciente de lo Que Dios Está Haciendo en Tu Vida?

"Entonces el reino de los cielos será semejante a diez vírgenes que tomaron sus lámparas y salieron al encuentro del novio. Cinco de ellas eran prudentes y cinco insensatas. Las insensatas tomaron sus lámparas y no llevaron aceite consigo; pero las prudentes tomaron aceite en sus vasijas, junto con sus lámparas. Pero como el novio tardaba, todas cabecearon y durmieron." (Mateo 25:1-5)

Muchas personas leen esta parte de la Escritura y declaran en voz alta que se consideran "sabias". Dicen: "Dios me libre de ser insensata".

Es interesante que Jesús usara estos versículos para ilustrar un punto. En estos pasajes bíblicos, encontramos no solo dos grupos de personas, sino tres. El primer grupo son las vírgenes prudentes o prudentes; el segundo grupo está formado por las vírgenes insensatas que no se prepararon con suficiente aceite, y el tercer grupo nos incluye a nosotros. Nosotros decidiremos cómo responder a la situación actual. Dado que tanto el grupo de las prudentes como el de las insensatas se durmieron, ¿qué hará mi grupo?

Al estudiar esta parte de las Escrituras, me di cuenta de que Dios desea que sus hijos se vuelvan sabios en la vida diaria. Los necios no respetan al Señor, y su reputación de fracasados a menudo los acompaña hasta el final. Es fácil identificar a un necio.

Pero mientras reflexionaba sobre esto, escuché al Señor decir: «David, observa a las sabias y a las insensatas... ¿qué tienen en común?». Miré las Escrituras, las leí y las releí, y entonces me di cuenta: ¡Ah! ¡Ambas dormitaron y se durmieron!

Entonces, ¿cuál es el punto principal de este pasaje? ¿Qué intentaba realmente inculcarnos el Espíritu Santo?

Primero, a Dios no le impresiona mi sabiduría ni lo mucho que he logrado con ella. Y segundo, tampoco creo que el Señor apruebe el estilo de vida de un necio. Entonces, ¿cuál es el propósito de Dios en este asunto? El propósito de Dios debe ser principalmente que, ya sea que creamos ser sabios o necios, ambos tenemos el potencial de quedarnos dormidos y dormitar en la vida.

Muchos creyentes se jactan de su fe, conocimiento bíblico, habilidades de presentación y carisma personal. He escuchado a algunos decir: "¡Nuestra iglesia está haciendo esto o aquello!". Eso está muy bien, pero ¿están realmente despiertos? ¡A Dios no le impresionan las obras!

Aquí está la cuestión central: ¡Dios busca a los que están despiertos! La sabiduría solo importa si estás atento al propósito para el que fue creada. ¿Entiendes? Si eres sabio pero estás dormido, es lo mismo que estar muerto: no hay diferencia.

En el liderazgo, un líder debe tener un toque de la presencia de Dios que arde intensamente en su interior. La persona que dirige el barco debe estar alerta en todo momento. No puede dormir ni dormitar mientras está de servicio. Tú y yo no somos diferentes. No solo estamos llamados a buscar la sabiduría de Dios, sino también a permanecer despiertos en cada área de nuestra vida. Aquí hay tres cosas a las que debemos estar atentos y hacer todo lo posible por mantenernos despiertos:

Mantente siempre consciente de la Presencia de Dios. Si has nacido de nuevo, el Espíritu del Señor vive en ti. Él te animará a estar cerca de Dios. Te guiará a dedicar tiempo a la oración y a leer la Palabra de Dios. Escucha lo que hay dentro de tu espíritu. Por favor, no lo ignores, o enfrentarás graves consecuencias.

Permanece siempre atento a la voluntad de Dios. Hay un camino que al hombre le parece correcto, pero al final, conduce a la muerte. Este Proverbio se refiere a una vida controlada por la carne. La carne no busca seguir la voluntad de Dios; en todo caso, se esfuerza por desviarnos del cumplimiento de nuestro propósito en Dios. Al despertar, el Espíritu del Señor nos guía a la mente y al corazón de Dios.

Mantente siempre atento a las estaciones de Dios. Como sabes, las estaciones (verano, otoño, invierno y primavera) cambian a nuestro alrededor en momentos específicos, al igual que las estaciones del Señor. Debemos permanecer atentos para comprender a qué estación nos está guiando Dios. No puedes hacer que algo crezca si estás en invierno. No puedes cosechar en primavera; entiendes mi punto. Necesitamos permanecer despiertos en Dios para reconocer las estaciones y los tiempos.

Al concluir este devocional, debemos comprender que no es lo que hemos recibido del Señor lo que nos distingue. Lo que realmente nos distingue es vivir según las órdenes divinas de Dios, y ¿estamos viviendo bajo esa unción dada hoy? Neh'enah.

33

¡Un Retrato del Siervo Perezoso!

"El perezoso pronto empobrece; el trabajador se enriquece." (Proverbios 10:4 - NTV)

Al abrir los ojos al oír el despertador, mi mente comenzó a tomar decisiones: ¿Levantarme ahora a orar o dormir un poco más? Mientras reflexionaba, escuché al Espíritu de Dios decir: **"¡El perezoso acaba en la pobreza!"**. Juro que casi podía oír al Señor decirme esto en voz alta. Rápidamente me levanté y me comprometí de corazón a buscar el rostro de Dios.

Durante mi tiempo de oración, comencé a preguntarle sobre las palabras que me había dado antes, y como siempre, me reveló esta increíble sabiduría. Esto es lo que el Señor me enseñó:

Me dijo que el perezoso siempre termina en la pobreza. Lo sé por haber leído Proverbios; el libro de Proverbios está lleno de enseñanzas sobre la pereza. Entonces el Señor dijo: «No me refiero a las consecuencias naturales de la pereza. Se trata de las consecuencias en el ámbito espiritual. Si un hombre no pasa tiempo conmigo, no sabrá qué hacer, adónde ir ni siquiera por qué existe».

Además, el Señor me enseñó que sin un tiempo devocional dedicado, sus siervos perderían su discernimiento espiritual. ¿Qué es el discernimiento espiritual? El discernimiento es la capacidad de juzgar con sabiduría. El discernimiento espiritual implica percibir sin prejuicios para obtener guía y comprensión espiritual.

Quien pierde contacto con Dios también pierde su discernimiento espiritual, lo cual puede ser trágico. ¿Recuerdan cómo empezó todo esto? Permítanme recordarles: todo comenzó con la decisión de pasar tiempo con Dios o no.

Examinemos las consecuencias de una vida descuidada y sin oración. La espiral descendente comienza con la pobreza de...

Visión. Una vez que perdemos el discernimiento, nos quedamos sin rumbo ni dirección. No sabemos qué hacer. Nuestra visión se vuelve borrosa, y el resultado más común es caer en la desesperación. Nada se compara con la ceguera espiritual. Todo parece oscuro y la confusión nos rodea constantemente.

Pasión. Lo segundo que terminamos perdiendo es nuestra vitalidad y pasión. Ya no miramos hacia el futuro; estamos atrapados en la desesperación. La vida ya no es placentera; solo tenemos recuerdos de lo que una vez fue. Nuestra pasión impulsa nuestra existencia, pero ahora se ha ido. Lo mejor que podemos hacer es encontrar un sustituto. Recrearemos con nuestras manos lo que hemos perdido en nuestras almas.

Prosperidad. Lo último que un hombre pierde es su prosperidad. El favor que una vez nos acompañó ha desaparecido. Solo nos aferramos a historias de cómo Dios nos hablaba, se movía en nosotros y nos bendecía. La tristeza en nuestros corazones nos consume porque podemos sentir que Dios ya no está obrando en nosotros ni con nosotros. Algo ha cambiado, y el vacío se ha convertido en nuestra porción.

¿No es este el retrato de un hombre o una mujer perezosos? ¿Por qué sucedió esto? ¿De quién fue la culpa? ¿Puede la persona perezosa, con toda honestidad, encontrar a alguien a quien culpar? ¿O fue su culpa?

Amigos, no tengo duda de que es culpa del hombre perezoso, y las consecuencias lo demuestran.

Ahora, consideremos la bendición de alguien que es diligente. Una persona que persiste y desea la gloria de Dios en todo demuestra diligencia. Siempre anhela más de Jesús; no es de doble ánimo ni vacilante. Odian el pecado y sus efectos y buscan continuamente vivir bajo la sombra del Todopoderoso (Salmo 91).

Los resultados de una persona así son convincentes. Por un lado, el hombre diligente posee discernimiento espiritual porque pasa tiempo en la presencia de Dios, absorto en la adoración y dispuesto a ser transformado por la mano de Dios. Este hombre tiene visión y pasión. La prosperidad (el favor de Dios) lo sigue a dondequiera que va. La Escritura dice: «**Los planes del diligente ciertamente conducen a la abundancia...**» [Proverbios 21:5a – NVI]

Hay siervos perezosos y siervos diligentes. ¡Lo mejor es que tú y yo podemos elegir lo que queremos ser! Neh'enah.

34

¡La Inmensidad de Dios!

"Después de un tiempo considerable, los judíos conspiraron para matar a Saulo, pero Saulo fue informado de su plan. Vigilaban las puertas de la ciudad día y noche para matarlo, pero sus discípulos lo tomaron de noche y lo bajaron por la muralla, bajándolo en una cesta." (Hechos 9:23-25)

Hace unas noches, el Señor me visitó de nuevo con otro sueño profético, permitiéndome vislumbrar su deseo de trabajar en equipo. Mi sueño no fue muy largo, pero el Señor me impulsa a compartirlo con ustedes y espero que les sea de utilidad. Mi sueño fue el siguiente:

Mi sueño ocurrió afuera de mi casa. Estaba de pie en el porche, y una acera se extendía desde allí hasta la calle. Lo único inusual de esta acera era que estaba a unos tres escalones de la calle. Hasta ese momento, había construido los escalones dos y tres, pero aún faltaba el primero. En otras palabras, mi escalera no estaba terminada, e incluía el último escalón. Mientras observaba afuera, alguien apareció en mi casa e inmediatamente notó mis escaleras de cemento sin terminar. Me preguntó por qué no había terminado el último escalón. Respondí: "Necesito una moldura especial para hacer el último escalón, y creo que aún no la han inventado". Rápidamente dijo: "Sí, ya la han inventado, y sé dónde puedes encontrar una". Así que encontramos esta moldura para completar mis escaleras. La trajimos a casa, trabajamos en ella, vertimos el cemento y terminamos el trabajo; ese fue el final del sueño.

Al despertar, el Señor me recordó la historia anterior. El apóstol Pablo corría grave peligro y no había forma de que escapara de la turba que quería matarlo. Lo habían estado esperando día y noche con la intención de matarlo. Cuando creas que el diablo tiene la victoria, Dios levantará un estandarte contra el enemigo a tu favor. Escucha esto: «**Custodiaban las puertas [de la ciudad] día y noche para matarlo, pero sus discípulos lo tomaron de noche y lo bajaron por la muralla** [de la ciudad], **bajándolo en una cesta o cesto**».

Esto es lo que recibí del Señor sobre mi sueño: Dios me aseguró que debía seguir adelante con su llamado, su visión y el propósito que ha puesto en mi corazón. Algunos recursos vendrán de tu interior; otros, a través de personas que quizás ni siquiera conozcas personalmente; y, por supuesto, algunos recursos vendrán sobrenaturalmente del Señor. No te limites pensando: «¿Cómo saldré de esto?» o «¿Dónde voy a conseguir lo que necesito?». o "¡No tengo los recursos para hacer esto o aquello!"

Tal como en mi sueño, un hombre se me acercó y me sugirió que completara el último escalón de mi escalera. Creo que Dios vendrá a ti de diferentes maneras para abrir tu corazón ansioso y fortalecerte con su sabiduría.

Cuando vives según los estándares mundanos, tiendes a acostumbrar tu mente a las formas naturales de hacer las cosas. Mi experiencia practicando la sabiduría y los estándares mundanos me ha demostrado que pueden ser limitantes.

Ahora, cuando alguien hace de Dios su sabiduría, ¡todo cambia! Dios vendrá y compartirá su sabiduría y entendimiento, e incluso traerá a quienes saben más que tú para ayudarte a empoderarte para lograr la tarea.

Todo lo que necesitamos saber es que Dios no tiene límites; si nos atrevemos a vivir según los estándares, el conocimiento y la sabiduría de Dios, el cielo se convierte en nuestro único límite. Neh'enah.

35

¡Se Necesita Una Sola Cosa!

"Y sucedió que mientras iban de camino, Jesús entró en una aldea, y una mujer llamada Marta lo recibió en su casa. Esta tenía una hermana llamada María, que también se sentó a los pies de Jesús y escuchó su palabra. Pero Marta estaba ocupada con muchos quehaceres, y acercándose a él, le dijo: "Señor, ¿no te importa que mi hermana me haya dejado servir sola? Dile, pues, que me ayude". Jesús le respondió: "Marta, Marta, estás preocupada y turbada por muchas cosas. Pero una cosa es necesaria, y María ha escogido la buena parte, la cual no le será quitada." (Lucas 10:38-42)

Hace unas noches, el Espíritu Santo me dio un sueño profético que me llegó al corazón. Quiero compartir esta revelación contigo e iluminarte significativamente. El único requisito es abrir tu corazón al Espíritu Santo y estar completamente dispuesto a recibir lo que Dios quiera decirte personalmente.

Mi sueño comenzó cuando dirigía a un grupo grande de personas que parecía una enorme congregación de iglesia. Un hombre que caminaba a mi lado me preguntó: "¿Cómo lograste que este ministerio creciera tan rápido?". Le respondí: "No lo sé; solo sé que Dios siguió aumentando el número de personas increíblemente rápido. Comenzó con solo unas pocas personas y ahora tiene miles. No entiendo cómo sucedió todo tan rápido". Con esto concluye la primera escena.

En la segunda escena de mi sueño, conducía un coche extranjero de lujo. Era caro y muy bonito, y tenía plaza de aparcamiento en la iglesia donde era pastor. Al llegar, noté que la llave se estaba derritiendo y apenas entraba en la cerradura. Recuerdo haberla sacado y preguntarme por qué se derretía. El coche seguía arrancando, pero no estaba seguro de cuánto tiempo.

Al despertar, sentía una profunda angustia. Empecé a preguntarme qué significaba todo esto, y durante la semana, oré y busqué a Dios al respecto. Esto es lo que creo que Dios me decía en este sueño profético:

David, necesito que te enfoques más en la clave. En este sueño, prosperé enormemente, y la buena vida, tanto en el ámbito espiritual como en el natural, nunca se sintió tan real. Sin embargo, en medio de esta prosperidad, pude escuchar a Dios decir que la clave que hace que todo esto funcione no se puede derretir. En otras palabras, puedes activar el lujo en el mundo espiritual o natural con una llave.

¿Cuál es la clave que hace que todo funcione? Es la clave de la oración personal y la devoción a Jesús el Rey.

Es posible estar tan absorto en las cosas mundanas y externas de la vida que descuidamos precisamente lo que la hace valiosa: el propósito de Dios en nuestras vidas.

En la historia mencionada, María parecía ansiosa por estar a los pies de Jesús, mientras que Marta estaba más enfocada en la actividad y en completar tareas. Jesús, en última instancia, sería el juez de esta situación. Esto es lo que el Rey del Universo dijo sobre este posible desequilibrio: «**Marta, Marta, estás afanada y turbada por muchas cosas. Pero una cosa es necesaria, y María ha escogido la buena parte, la cual no le será quitada**».

Ambas son necesarias: el tiempo dedicado a los pies de Jesús y el trabajo manual para realizar las tareas. Sin embargo, Jesús ofreció una perspectiva a todos los que desean hacerlo bien. ¡Dijo que María había escogido la buena parte! Por lo tanto, se alaba a María por su deseo de estar a los pies de Jesús en lugar de la actividad de Marta en la cocina.

He aprendido: ¡Permanezcan a los pies de Jesús en oración y devoción, y hagan todo lo que Él les diga!

Para concluir, recuerden: no dejen que la llave se derrita. La necesitarán para todo lo que logren. Neh'enah.

36

¡El Secreto del Crecimiento!

"Y enviaré avispas delante de ti, que expulsarán al heveo, al cananeo y al hitita de delante de ti. No los expulsaré de delante de ti en un solo año, para que la tierra no quede desolada, y las bestias del campo se multipliquen demasiado para ti. Poco a poco, los expulsaré de delante de ti hasta que te multipliques y heredes la tierra." (Éxodo 23:28-30)

Este poderoso principio no es muy popular; como la mayoría de los principios que cambian y transforman la vida, suele dejarse de lado por algo más "brillante".

Cuando le expliqué a alguien la importancia de vivir constantemente este principio del que hablo, esta persona prácticamente puso los ojos en blanco y dijo: "¿Quién tiene tiempo para esperar?". Al escuchar esto, me recordó cómo era yo a su edad; habría respondido con la misma rapidez: "¿Quién tiene tiempo para esperar?".

La realidad es esta: Las personas que constantemente intentan hacer grandes cosas, se aventuran en los negocios o el ministerio, consiguen el trabajo de sus sueños o intentan cambios en su estilo de vida, rara vez logran sus metas y, como resultado, nunca llegan a su destino deseado.

¿A qué se debe esto? ¿Se debe el problema a la falta de deseo? ¿La dificultad para superar ciertos malos hábitos se debe a la falta de voluntad propia? Yo lo veo de otra manera. Creo que una persona puede tener deseos, sueños, ambiciones y voluntad propia, pero si no entiende que el progreso proviene de practicar el principio de "poco a poco" a diario, nunca alcanzará sus metas ni sueños.

Todos llegamos a cierta edad en la que creemos que podemos lograrlo todo con esfuerzo. Tenemos fuerza, resistencia, visión y pasión, pero a menudo necesitamos más sabiduría y comprensión para lograr cualquier cosa.

La gente dice: "¡Siempre tiene grandes ideas y las inicia, pero nunca las completa!". ¿Alguna vez has considerado que podrías estar haciendo lo mismo en tu propia vida? ¿Alguien dice eso de ti? ¿Estarían diciendo la verdad?

Con demasiada frecuencia, la inmadurez nos vence. Soñamos y actuamos como niños pequeños, pero rápidamente nos damos por vencidos y nos impacientamos. No dedicamos suficiente tiempo y esfuerzo a nuestras metas a largo plazo. Tendemos a desanimarnos y terminamos volviendo al principio. Amigos míos, esto debe cambiar si queremos tener éxito.

El "Principio del Poco a Poco" significa mucho para mí personalmente. Este principio dice: *Caminaré contigo si tú caminas conmigo. Si confías en mí, te ayudaré a hacer realidad todos tus sueños y visiones. Puede que no te dé todo lo que deseas de inmediato, pero con el tiempo te lo entregaré. Mientras esperas pacientemente a que haga mi parte, las demoras te moldearán. Pronto, verás los resultados de tus esfuerzos a medida que sigues sembrando en ellos. Una vez que tu sueño se haga realidad, lo celebraré contigo y te alegrarás de haber estado ahí contigo en cada paso del camino. ¿Quién soy yo? Soy el "Principio del Poco a Poco". Soy quien lo hace realidad para ti si confías en mí.*

Mientras escribo, me doy cuenta de que vivimos en un mundo acelerado.

Nada puede ser demasiado rápido para nosotros. Microondas, computadoras, teléfonos inteligentes, autos, cajeros de banco, cajeros automáticos, cajeros de supermercado, servicio al cliente, sí, esperamos que todos sean rápidos. El único problema es que las cosas de valor no llegan enseguida.

Las cosas valiosas se cultivan gradualmente hasta que aparecen. Los diamantes, las perlas, el oro y el petróleo son muy valiosos. Lo único que tienen estos elementos es que no se encuentran en la superficie. Hay que excavar repetidamente hasta encontrarlos.

En la mayoría de los casos, uno debe gastar una fortuna antes de descubrir un diamante o una pepita de oro. Cuando el buscador finalmente encuentra un diamante, una pepita de oro o encuentra petróleo, se da cuenta de su verdadero valor y se vuelve personalmente valioso gracias a las lecciones aprendidas durante la búsqueda de su tesoro.

Poco a poco, excavamos todos los días hasta que un día, ¡bang! El principio del "poco a poco" funciona a la perfección y nos recompensa generosamente. Nehenah.

37

¿Estás Demasiado Ocupado Para Adorar?

Entonces Faraón llamó a Moisés y le dijo: «Vayan, sirvan al Señor; solo que sus ovejas y sus vacas se queden atrás. Que sus pequeños también vayan con ustedes». Pero Moisés dijo: «También deben darnos sacrificios y holocaustos para que podamos sacrificar al Señor nuestro Dios. Nuestro ganado también irá con nosotros; no quedará ni una pezuña. Porque debemos tomar algunos de ellos para servir al Señor nuestro Dios, y ni siquiera nosotros sabemos con qué debemos servir al Señor hasta que lleguemos allí». (Éxodo 10:24-26)

El arma más poderosa detrás de todo lo que hacemos no es cuántas personas conocemos, cuántos contactos tengamos ni cuántas influencias podamos mover. No es nuestro carisma, ni nuestra diplomacia, ni siquiera nuestro estatus social.

Creo que las personas más influyentes de la tierra son aquellas que conocen a Dios profunda y personalmente. Estas personas son quienes mantienen este mundo funcionando; su comprensión personal de la santidad de Dios es lo que realmente trae orden a nuestro mundo.

También creo que el arma más poderosa para quien desee promover el reino de Dios a través de su ministerio o vocación es un corazón de verdadera adoración.

La verdadera adoración es una respuesta a Dios, un acto o expresión de bondad por todo lo que Él ha hecho. Es un reconocimiento privado, en nuestro interior, de Su grandeza y majestuosidad, que le permite sumergirnos en Su gloriosa presencia. Recuerda que así es como Su gloria se refleja en nuestro rostro.

¡El Diablo Intentará Convencerte!

Ahora, revisemos las Escrituras en Éxodo y esbozaré algunos puntos para aclarar lo que creo que Dios está diciendo.

Primero, ten en cuenta que Faraón representa un símbolo o figura del enemigo de nuestras almas.

Faraón representa el mundo, nuestra carne (naturaleza carnal) o el mismo Satanás. El enemigo siempre está planeando y organizando esfuerzos continuos para alejarnos de la verdadera adoración, que conecta nuestro espíritu con el Espíritu de Dios. Además, la verdadera adoración no se limita a canciones, oraciones o clichés religiosos. ¡La verdadera adoración va mucho más allá! Se trata de conectar el corazón del hombre con el corazón de Dios.

En segundo lugar, la adoración genuina siempre tiene un precio.

La verdadera adoración es costosa y requiere todo de nosotros. Debemos estar dispuestos a entregar todas nuestras emociones, planes, ambiciones, sueños y más para poder honrarlo con un corazón completamente entregado. Esto no es fácil, especialmente cuando estamos atrapados en el yo y sus deseos.

En tu oración, di: *"Jesús, vengo ante ti para ponerlo todo a tus pies. Como te doy todo, ¡devuélveme solo lo que quieres que tenga! ¡Mi corazón es tuyo y solo tuyo!"* Amén.

Así que, la clave para entrar en la verdadera adoración es dejar ir todas nuestras ideas o ídolos, hasta que nuestros corazones se neutralicen. Una vez que llegamos a este punto, podemos adorar en espíritu y en verdad.

Curiosamente, al Faraón no le importó que ellos (Moisés y el pueblo de Dios) fueran al desierto a adorar; solo se aseguró de que no se llevaran animales para los sacrificios. ¿Qué le ofrecerían a Jehová Dios?

Amigos, si aún no se han dado cuenta de esto, es hora de que lo hagamos. ¡El diablo no es tonto! Intentará que salgan corriendo a su apretada agenda sin ofrecer un sacrificio de adoración. La regla de la verdadera adoración es que si nada muere, probablemente significa que no hubo sacrificio; por lo tanto, ¡no hay verdadera adoración! Si no morimos a nuestros deseos carnales y nos ofrecemos al Dios vivo en adoración todos los días, ¡estamos optando por ofrecernos adoración a nosotros mismos!

Para terminar, recuérdense cada mañana antes de salir de casa y aventurarse a perseguir su gran sueño: no se vayan sin pasar tiempo de calidad en verdadera adoración.

No hay nada como tener un rostro transformado y unos ojos brillando con la hermosa luz de Dios en ustedes; sí, todo esto es posible mediante la adoración genuina. Nehenah.

38

¡Despierta! La Clase Está en Sesión.

"Pedro le respondió: Señor, si eres tú, manda que vaya a ti sobre las aguas. Él respondió: Ven. Y descendiendo Pedro de la barca, andaba sobre las aguas para ir a Jesús. Pero al ver el fuerte viento, tuvo miedo; y comenzando a hundirse, gritó: ¡Señor, sálvame!" (Mateo 14:28-30)

"Se levantó una gran tempestad de viento, y las olas azotaban la barca, de tal manera que ya se anegaba. Él estaba en la popa, durmiendo sobre un cabezal. Lo despertaron y le dijeron: "Maestro, ¿no te importa que perezcamos? Entonces se levantó, reprendió al viento y dijo al mar: "¡Calla, enmudece!". Y cesó el viento y se hizo una gran calma. Pero Él les dijo: "¿Por qué tenéis tanto miedo? ¿Cómo es que no tenéis fe?" Y temieron con gran temor, y se decían el uno al otro: ¿Quién es éste, que aun el viento y el mar le obedecen?" (Marcos 4:37-41)

Fíjate en la palabra "viento" en los dos pasajes que mencioné antes. En Mateo, el viento era fuerte; en Marcos, era una tormenta. En ambos casos, los vientos parecían ser la manera o el medio de Dios para probar la profundidad y madurez espiritual.

Las cosas no han cambiado mucho para el aspirante a líder, deseoso de profundizar en su misión, vocación o ministerio. Parece que el factor que impulsa a alguien a evaluar honestamente su vida está fuera de control; en este caso, fue el viento.

Para quienes nunca han aprendido de las pruebas, sino que siempre han zigzagueado por la vida, evitar los posibles vientos de adversidad puede ser devastador.

Nada forja más nuestro carácter que una fuerte tormenta o una situación completamente fuera de nuestro control. Dios nos pone a prueba profundamente al permitir circunstancias que nos llevan al límite.

Recuerda: cuando los vientos de la vida empiecen a soplar, no tengas miedo. Recuerda que es hora de crecer un poco más en Él. Aquí tienes algunas razones por las que no debemos temer a los vientos de la vida.

1. Él creó los vientos. Si crees en Dios y has nacido de nuevo, también sabrás que Dios creó los cielos, la tierra y todo lo que hay en ellos. Si perteneces a Dios, Él es tu Padre Celestial y siempre te cuidará. Puedes descansar en sus brazos eternos. Sea lo que sea que estés enfrentando ahora, el Padre lo sabe y te consolará en todo sentido.

2. Los vientos están bajo su control. Otro punto importante es que los mares y los vientos le obedecen. Toda la creación está sujeta a su autoridad. Nada te tocará a menos que Dios lo permita. Incluso el diablo está bajo la autoridad de Dios. Así que, si enfrentas una prueba ahora mismo, ¡recuerda que Dios la está permitiendo! Aprende de ella.

3. Los vientos son temporales; pasarán. Cada desafío que enfrentamos tiene un límite de tiempo. Solo serás probado hasta que aprendas la valiosa lección que hay detrás. Cuanto antes aprendas, antes terminará la prueba. Los vientos son solo llamadas de atención temporales que nos recuerdan que la educación espiritual está sucediendo.

4. ¡Los vientos despertarán a Jesús en ti! ¿Qué harás cuando el viento destruya tu barco (tu vida) y se hunda miserablemente? ¿A quién vas a recurrir? ¿A la Guardia Costera de los Estados Unidos? ¿A la Marina? Haz lo que hicieron los discípulos: ¡despertaron a Jesús! Una vez que Jesús despertó, ¡los vientos corrieron a esconderse!

Despierta al Jesús que quizás esté durmiendo en tu corazón. Créeme, ¡Él sabrá exactamente qué hacer con el viento en tu vida!

5. Los vientos son la manera en que Dios nos enseña y nos ayuda a crecer. Algunas lecciones de vida son más valiosas que un millón de dólares. Lo que aprendemos a través de muchas dificultades y pruebas nos será útil en el futuro. Te beneficiará, y quienes sigan tu liderazgo se verán profundamente influenciados. Los resultados de tu perseverancia serán como música dulce para alguien que navega en sus propios mares tempestuosos.

Que el Señor continúe guiándonos en nuestro emocionante viaje. El viento no es tan malo como parece; es una bendición disfrazada. Como escribió elocuentemente Bob Dylan: *"La respuesta, amigo mío, está en el viento".* [Génesis 8:1; Salmo 18:10; Salmo 107:23-30] Nehenah.

39

¡No Te Dejes Impresionar Por Lo Que Ves!

"Por tanto, cualquiera que me oye estas palabras y las pone en práctica, le compararé a un hombre prudente que edificó su casa sobre la roca; y descendió la lluvia, vinieron los ríos, y soplaron los vientos y golpearon contra aquella casa; y no cayó, porque estaba fundada sobre la roca. Pero cualquiera que me oye estas palabras y no las pone en práctica, le compararé a un hombre insensato que edificó su casa sobre la arena; y descendió la lluvia, vinieron los ríos, y soplaron los vientos y golpearon contra aquella casa, y cayó. Y fue grande su ruina." (Mateo 7:24-27)

Si no te impresiona lo que ves, no te desanimarás por lo que no ves.

Así como una casa depende de sus cimientos para su durabilidad, nuestra vida también depende de unos cimientos sólidos. Los cimientos de cualquier puente, casa, edificio o vida determinarán su resultado.

Por supuesto, como los cimientos nunca son visibles, la gente tiende a pasarlos por alto. ¿Cómo se puede valorar algo que ni siquiera se ve? ¡A eso me refiero! Con demasiada frecuencia, nos enamoramos de algo basándonos en su apariencia externa y nos maravilla tanto su belleza exterior que rara vez nos preguntamos qué sostiene ese edificio, negocio o vida.

Normalmente, la gente aplaude los logros de un hombre. Cuando un hombre cae en algún pecado vergonzoso, corrupción, delito o se enfrenta al colapso de un negocio o ministerio, todos quedan impactados. La gente pregunta rápidamente: "¿Por qué?" o "¿Cómo pudo pasar esto?". Seguro que has oído estos comentarios. Suenan así: "¿Cómo pudieron hacerse eso? ¡Tenían tantos amigos!". "¿Cómo pudieron robar todo ese dinero? ¿No sabían que los atraparían?". "¿Y qué hay del que entró a robar en una tienda, siendo multimillonario?".

Todas estas cosas suceden a diario, y, de nuevo, ¿dónde se equivocó esa persona? Todo se reduce a la profundidad de los cimientos, o a la falta de ellos.

Permítanme compartir con ustedes lo que me ha ayudado a mantener el rumbo en mi vida y ministerio durante casi 30 años. Como dije antes, un cimiento determina la durabilidad de cualquier cosa que construyas. Cuanto más profundo, fuerte y sólido sea tu cimiento, más duraderos serán tus resultados.

Mi fundamento personal se basa en tres pilares de verdad. Los he conservado con cariño y me han sido muy útiles. Quiero transmitírselos a medida que se convierten en una persona valiosa que busca resultados duraderos.

Cuando me preguntan por qué no tengo ninguna preocupación en el mundo, como si conociera a Dios y creyera que todo estaría bien, siempre respondo: "Me siento así porque... conozco a Dios, sé quién soy y sé adónde voy".

Primer Pilar: "¡Conozco a Dios! En mi relación con Dios, me esfuerzo por conocerlo íntimamente. No me importa mucho la religión externa ni lo que digan del cristianismo. Solo sé que conozco a Dios. Amo a Dios y caminaré con Él para siempre. En mi relación de amor con Jesucristo, puedo ser abierto y honesto con Él; Él hace lo mismo conmigo. Conocer a Dios se trata de intimidad. Cuando llegas al punto de tocar su corazón, ¿qué más puedes necesitar o desear en la vida?"

Segundo Pilar: ¡Sé quién soy! Mi confianza proviene de mi relación con Dios. Sé quién soy porque Él me lo ha revelado. Soy único, maravillosamente creado a su imagen y con el privilegio de vivir para Él. No importa lo que piensen los demás de mí; mi valor proviene de Dios. Él es el único público al que aspiro complacer. Todo esto es una obra interna de Dios en lo más profundo de mí. Toda vida se origina en Dios. Cuando tu fundamento se basa en la perspectiva de Dios sobre la vida, ¡la vida puede ser increíble!

Tercer Pilar: ¡Sé a dónde voy! Cuando comprendes que todo lo que has llegado a ser proviene de Dios, tu corazón se llena de gratitud de forma natural. Todos los dones, talentos, habilidades y oportunidades que se te presentan sirven como plataforma para mostrar la grandeza de Dios. El trabajo de tu vida no se trata principalmente de ti, ¡sino de Él! Alcanzar un punto de convergencia en tu vida personal significa revelar la gloria de Dios a todos los que te rodean. ¡Qué momento tan maravilloso para estar vivo!

Por favor, comprende que no es lo que haces, sino quién eres lo que hace que la vida sea dulce y única. Sí, ¿cómo puedes perder cuando tu vida proviene de Dios? La Escritura dice en Juan 1:4: «**En él estaba la vida, y la vida era la luz de los hombres**».

¿Puede tu vida estar llena de alegría, paz, fe y esperanza? ¡Por supuesto! Solo se necesita construir una base sólida y establecer tu vida. Aprende que la vida se trata de tomarte tu tiempo para que suceda. Todo lo demás es solo la guinda del pastel. Nehenah.

40

¡Dios Nos Traerá de Vuelta!

"La palabra del Señor vino a Jonás, hijo de Amitai, diciendo: "Levántate, ve a Nínive, esa gran ciudad, y pregona contra ella; porque su maldad ha subido hasta mí". Pero Jonás se levantó para huir a Tarsis, lejos de la presencia del Señor. Bajó a Jope y encontró un barco que partía hacia Tarsis; pagó el pasaje y se embarcó para ir con ellos a Tarsis, lejos de la presencia del Señor.
Pero el Señor envió un gran viento en el mar, y hubo una tempestad tan grande en el mar que el barco estuvo a punto de partirse.
Entonces los marineros tuvieron miedo; y cada uno clamó a su dios, y arrojó al mar la carga que había en el barco para aligerarla. Pero Jonás había bajado a lo más bajo del barco, se había acostado y estaba profundamente dormido." (Jonás 1:1-5)

Durante mi tiempo de oración esta semana, el Espíritu Santo me recordó un principio fundamental que escuché de un querido hombre de Dios hace varios años.

Mientras atravesaba un período de cambio en su vida, dijo que eligió un camino que lo alejó de la perfecta voluntad de Dios y lo llevó a su voluntad aceptable. Quienes están más cerca de Jesús saben que hay una gran diferencia entre estos dos caminos.

Mencionó que en 1972, Dios lo retó a elegir un camino específico, y eligió el que consideró mejor para sí mismo. Como resultado, esta decisión resultó ser suya, no de Dios.

Escuché a este hombre pronunciar esta palabra en 2010. Habían pasado treinta y ocho años cuando el Señor finalmente lo alcanzó y le dijo: "Has estado yendo por mal camino. En 1972, te dije que fueras por este camino, pero corriste en la dirección opuesta. Has pasado treinta y ocho años haciendo tu propia...cosa – ¡es hora de que hagas lo mío!"

Hay un personaje en la Biblia llamado Jonás. ¿Quién no ha oído hablar de Jonás y su corazón rebelde hacia Dios? Jonás era un hombre de Dios que confiaba plenamente en Dios hasta que Dios le pidió que hiciera algo que no quería hacer.

Dios quería salvar la ciudad de Nínive y necesitaba un hombre que fuera a decirles que se arrepintieran, así que eligió a Jonás. El único problema era que Jonás odiaba profundamente a los ninivitas. Creía que merecían ser juzgados por Dios por ser malvados. En su celo, Jonás dijo: "¡No voy! ¡Que alguien más lo haga!", y **"se levantó para huir a Tarsis, lejos de la presencia del Señor"**.

En mi opinión, fue una decisión audaz. Se apartó de la presencia del Señor, o al menos eso creía. Dios había preparado varias maneras de hacer que este hombre de Dios volviera a la realidad; esto demuestra su misericordia. Dios preparó un barco, una tormenta y un gran pez para lograr la tarea.

La parte que más me intrigó fue este versículo: **"Pero Jonás había descendido a lo más bajo de la barca, se había acostado y estaba profundamente dormido"**. Cuando Dios nos llama a hacer algo por Él, no se detendrá hasta lograr lo que Él quiere. Jonás se acostó en lo más bajo de la barca y se durmió.

¿Alguna vez has intentado fingir que Dios no te habló, reveló ni te ordenó una tarea? Muchos de nosotros hemos seguido este patrón antes y, como Jonás, hemos quedado atrapados en nuestra propia celda.

Queridos amigos, no podemos dormirnos ni fingir que dormimos cuando Dios nos necesita para cumplir un propósito.

Con demasiada frecuencia, los creyentes fingen estar dormidos y actúan como si Dios no les hubiera dado un propósito, evadiendo las responsabilidades que tienen. Podemos perder el plan perfecto de Dios para nuestras vidas a pesar de enfrentar el miedo, la duda o la incredulidad. Peor aún, ¡este acto de desobediencia puede tener consecuencias generacionales!

Esto es lo que he aprendido: Dios siempre cumplirá su propósito. Incluso si tuviera que usar una tormenta y un pez para guiar a Jonás a la obediencia, también usaría cada situación para alinearnos.

Recuerda: los ignorantes siguen volviendo a pasar la prueba, pero los prudentes y sabios comprenden la seriedad de la perfecta voluntad de Dios. Nehenah.

41

Cuando Las Cosas Buenas Empiezan a Llegar ¡a Montones!

"[José] **tomó y les envió porciones de delante de él, pero la porción de Benjamín era cinco veces mayor que la de cualquiera de ellos. Y bebieron con generosidad y se alegraron con él.**" (Génesis 43:34)

Al meditar en esta porción de las Escrituras, el Espíritu Santo de Dios me conmovió profundamente al notar cómo Benjamín (el hermano menor de José) fue bendecido cinco veces más que sus diez hermanos mayores. Entiendo. José no había visto a su hermano menor en más de veinte años. Pero ¿será por eso que derramó sobre él cinco veces más que sobre los demás? Realmente me hizo reflexionar.

Comencé a buscar la revelación de Dios sobre esto, y esto es lo que el Espíritu Santo comenzó a mostrarme. Me dijo: "David, Benjamín no recibía un trato real por ser el más joven; lo recibía por mi favor sobre su vida". En esta historia, José es un tipo de Dios, y Benjamín representa a uno de nosotros —la iglesia— que caminamos con Dios.

El Señor me hablaba constantemente sobre la palabra favor. ¿Qué es favor? ¿Quién recibe favor? ¿Por qué alguien recibe favor? ¿Cómo puede una persona seguir viviendo en favor? Permítanme intentar responder estas preguntas, mientras siento el Espíritu del Señor sobre mí para enseñarme y revelarme esta única verdad.

¿Qué es favor? El diccionario Merriam-Webster define favor como (1) consideración amistosa mostrada hacia otra persona, especialmente por un superior, (2) consideración o atención aprobatoria. Otra definición clara es bondad generosa. También se refiere a un privilegio especial, un

derecho otorgado o concedido.

Cuando alguien vive bajo la protección del favor de Dios, es natural notar que tiene una actitud segura. Saben que la mano (el favor) de Dios está sobre ellos. No intentan ser arrogantes ni presumidos ni actuar con orgullo de forma negativa. ¡No, estos siervos del Señor tienen un profundo entendimiento de que Dios está con ellos! Se les ha revelado que Dios los aprueba; ¡esto les da una gran confianza!

¿Quién recibe favor? Se concede favor a quienes se han sometido a la guía y autoridad del Señor. Dios mira el corazón. Cuando Dios elige favorecer a alguien, es porque su corazón es tierno, dócil y profundamente sumiso a Él. Además, quien se ha sometido a la sangre de Jesús y ha lavado sus pecados hallará favor a los ojos de Dios. Cuando una persona se alinea con el propósito de Dios, el favor siempre le seguirá.

¿Por qué alguien halla favor a los ojos de Dios? Una persona recibe el favor de Dios porque Dios desea mostrarse a ella de una manera significativa. Cuando un siervo visita a un rey, siempre debe llevarle un regalo. Es el protocolo en una monarquía. Cuando el rey ve el regalo, inmediatamente se siente obligado a ir más allá; quiere demostrar su gran bondad, poder y provisión. De igual manera, como siervos de Dios, nos acercamos a Él con un don de adoración y un corazón humilde. Imagine cómo Dios se siente impulsado a mostrarnos su gran bondad y favor. Por lo tanto, creo firmemente que ofrecer adoración y un corazón contrito es esencial para ganar el favor de Dios.

¿Cómo se mantiene este estilo de vida favorable? Para mantenerte bajo la influencia del favor de Dios, solo necesitas reconocer que Él reina sobre toda la tierra, en tu corazón y sobre todo lo que tienes y deseas tener. ¡Siempre dale al Rey Jesús la preeminencia en todo, y su favor nunca abandonará tu vida!

En conclusión, creo que cuando un hombre busca el corazón de Dios, es decir, sus intereses, el Señor lo favorecerá enormemente. En resumen, si lo favorecemos, ¡él nos favorecerá! Neh'enah.

42

¡Cuidado con el Espíritu de Letargo!

Entonces Jesús llegó con ellos a un lugar llamado Getsemaní y les dijo a los discípulos: «Siéntense aquí mientras voy a orar allá». Tomó consigo a Pedro y a los dos hijos de Zebedeo, y comenzó a entristecerse y a angustiarse profundamente. Entonces les dijo: «Mi alma está muy triste, hasta la muerte. Quédense aquí y velen conmigo». Yendo un poco más allá, se postró rostro en tierra y oró diciendo: «Padre mío, si es posible, que pase de mí esta copa; pero no sea como yo quiero, sino como tú». Luego vino a los discípulos y los encontró durmiendo, y le dijo a Pedro: «¡Cómo! ¿No han podido velar conmigo una hora? Velad y orad, para que no entréis en tentación. El espíritu a la verdad está dispuesto, pero la carne es débil». (Mateo 26:36-41)

¡Con todas mis fuerzas, y quiero decir con todas mis fuerzas, no te duermas!

¡Podrías perderte la experiencia más importante de tu vida!

¿Qué les pasa a las personas que siempre se pierden las oportunidades más importantes de la vida? ¿Será que no les importa progresar? ¿Será un problema mental? ¿O es una mentalidad que dice: "No necesitas nada significativo en la vida; estás perfectamente bien con cómo va tu vida!". No sé a ti, pero esta actitud en una persona me irrita. Es decir, ¿cómo puede alguien vivir un estilo de vida tan negligente y sin sentido?

¡Los Discípulos No Lo Entendieron!

Los discípulos de Cristo no comprendían del todo quién era Jesús ni qué intentaba lograr durante sus treinta y tres años en la tierra. No les convencían sus enseñanzas sobre la venida del reino de Dios ni cómo influirían en la sociedad mediante principios y acciones piadosas. Así que, cuando Jesús fue a Getsemaní para abrir su corazón al Padre celestial, pensaron que era solo una reunión de oración más.

Los discípulos (principalmente Juan, Santiago y Pedro) no podían percibir las estaciones de Dios ni siquiera entender por qué Jesús los llamó a tres del grupo de doce. El Señor estaba a punto de tomar la decisión más importante que, en última instancia, lo afectaría a él, a sus seguidores y al mundo de las generaciones venideras.

Cuando el Señor los dejó orar solos, la Escritura dice que fue más allá para orar al Padre. Después de pasar un tiempo insoportable y desgarrador en oración, Jesús regresó con los discípulos, que se habían quedado dormidos.

¿Te gustaría que este grupo de apoyo te acompañara en tu momento de mayor necesidad? ¡Dormidos a la vigilia del Señor!

Quiero llamar su atención sobre algo: dormir cuando debería estar velando.

Permítanme explicarles esto:

Cuando hablo de dormir, no me refiero a dormir de noche. Me preocupa ese espíritu de letargo que invade tu vida cuando parece que nada sucede; cuando todo parece estar paralizado y no hay movimiento dentro ni alrededor de ti.

Estos son momentos espirituales en los que una persona camina sin la conciencia de Dios. ¿Alguna vez has experimentado esto?

Aquí tienes algunos consejos para despertar del letargo:

1. Oración. Pasa tiempo de calidad en la presencia de Dios e invítalo a vivir en ti, permitiéndole entrar y hablar a tu corazón.

2. Espíritu de sumisión y quebrantamiento. La actitud lo es todo en el aposento secreto de la oración. Recuerda que tú no estás a cargo de tu vida, ¡Él sí!

3. Lee un capítulo de la Biblia, preferiblemente del Nuevo Testamento. Deja que Dios te hable a través de su Palabra. Siempre que lees algo en la Biblia, Dios te está hablando directamente.

4. Registra o anota tus hallazgos. Cualquier cosa que Dios te diga en tu lectura, anótala y ponle fecha. Si quieres, puedes ponerle un título a tu entrada para poder volver a orarla más tarde.

¡Cuidado!

Ten cuidado de no quedarte dormido y perderte lo que Dios está haciendo en tu vida. Quedarse dormido puede ser perjudicial. Puede desorientar tu vida, tu familia, tu ministerio y tu carrera.

Recuerda esto: Solo nos dormimos cuando nuestros corazones y mentes no están concentrados en lo que Dios dice o hace. Sintonizarnos con la frecuencia del Señor requiere esfuerzo; por eso debemos estar siempre alerta en Su presencia.

Mantengamos nuestra alma viva en Dios, enfoquemos nuestra mente en Su voluntad y encendamos nuestro espíritu con Su visión. Nehenah.

43

¡El Diligente!

"El que trabaja con mano negligente y ociosa se empobrece, pero la mano del diligente enriquece." (Proverbios 10:4 Versión Amplificada)

En el libro de Proverbios, escrito principalmente por Salomón, hijo de David, encontrarás el mejor manual, currículo y/o libro de texto del mundo sobre la sabiduría de Dios. Uno de los aspectos más hermosos del Libro de Proverbios es que está escrito con un fuerte componente de causa y efecto. Si el lector o estudiante se decide a aplicar estos principios piadosos de sabiduría en su vida diaria, esto podría transformar toda su vida, generando efectos duraderos que, a su vez, influirán en las generaciones futuras.

Al estudiar el capítulo 10 de Proverbios, me encontré con este versículo: **«...el diligente enriquece»**. Dediqué un tiempo a orar y reflexionar sobre esto, y al permitir que el Señor me enseñara, escuché al Espíritu del Señor decirme: *«David, siempre abriré camino para los diligentes»*.

Así que, con espíritu de aprendiz, quiero compartir mis hallazgos sobre esta palabra contigo. Si la abordas como se pretendía inicialmente, estoy seguro de que te servirá como una llave que te abrirá puertas como nunca antes.

Definición de la Palabra *Diligente*.

La palabra «diligente» significa interesado y persistentemente atento; constante y serio al dedicarse a un tema o actividad; asiduo; y/o diligente. Describe a una persona que dedica con todo su corazón su pasión y esfuerzo a la búsqueda de un ideal digno.
La Palabra de Dios dice que una persona diligente se enriquece. No hace

falta ser un genio para darse cuenta. Quienes prestan atención a una causa y trabajan duro en ella nunca carecen de lo que necesitan.

Henry Wadsworth Longfellow dijo una vez: «*Las alturas que alcanzaron y mantuvieron los grandes hombres no se alcanzaron con una huida repentina, sino que, mientras sus compañeros dormían, se afanaban en la noche*».

Entonces, ¿qué significa realmente ser diligente en el mundo en el que vivimos hoy?

Esto es lo que creo que el Señor revela a quienes tienen oídos para escuchar: Creo que las personas diligentes son aquellas que han visto la Tierra Prometida (su visión personal) y trabajan horas extra para alcanzarla. Su capacidad de visualizar el futuro moldea su filosofía de vida y su forma de vivir intencional.

Las personas diligentes se despiertan más temprano que la mayoría y dedican sus primeras horas de la mañana a lo valioso. Para algunos, es la meditación, la oración y la adoración. Entienden claramente que la vitalidad viene de adentro, no del mundo exterior.

Las personas diligentes también llegan al trabajo más temprano que la mayoría. Trabajan más duro y durante más tiempo. Suelen encender las luces antes de que lleguen los demás y apagarlas después de que todos se hayan ido a casa.

Sí, estas personas trabajadoras y desconocidas estudian más, se sacrifican más, dan más y se esfuerzan al máximo por superarse. Estas son las personas que iniciarán movimientos y negocios, cambiarán naciones, influirán en la sociedad y ayudarán a otros a salir de la sombra. ¿Mencioné que también comparecerán ante reyes? "**¿Has visto a un hombre diligente y hábil en su negocio? Delante de reyes estará; no ante hombres desconocidos.**" (Proverbios 22:29)

Las personas diligentes siempre recibirán la mejor porción en la vida. Verán, Dios parece recompensar a quienes creen y practican los principios bíblicos. A estas personas no les interesa seguir el ejemplo de los demás; no, señor, ¡están compitiendo contra sí mismos y buscando en el rostro de

Cristo el Modelo Perfecto a Seguir!

Creo que este es el punto donde se distancian de quienes se enamoran de la idea de hacerse un nombre en lugar de glorificar a Dios.

Mi mensaje para ustedes hoy es: «*Con todo lo que tienen, sean diligentes*». Neh'enah!

44

¡El Jacob Que Todos Llevamos Dentro!

"Entonces Jacob se quedó solo, y un hombre luchó con él hasta el amanecer." (Génesis 32:24)

Aquí les cuento la historia de un hombre que Dios eligió para ayudar a crear una poderosa nación llamada Israel. El final de su vida es un gran legado para toda la humanidad, pero el comienzo de la historia de Jacob no fue muy impresionante. Me recuerda cómo la mayoría de nuestras vidas también lo son. Las circunstancias de la vida nos han moldeado a todos en cierta medida.

Jacob era un joven que tenía un hermano gemelo llamado Esaú. Ahora bien, Esaú probablemente no era tan astuto como Jacob y a menudo lo engañaba. Por ejemplo, Jacob le robó la primogenitura a Esaú cuando eran jóvenes. En otra ocasión, Jacob hizo que su padre Isaac orara por él, fingiendo ser el primogénito, y el padre le dio la bendición del primogénito. Jacob fue deshonesto y se aprovechó de la mala vista de su padre. Cuando cuento esta historia, me viene a la mente mucho.

Me demuestra que, como ser humano, me parezco mucho a Jacob. Y, sinceramente, sin ánimo de juzgar demasiado, todos tenemos mucho de Jacob en nosotros.

Jacob representa la esencia del egoísmo. Encarna la naturaleza egoísta de nuestro viejo yo, reflejando todo lo que somos sin Cristo viviendo en nuestros corazones: una vida carente del Espíritu y la vida de Dios. Todos necesitamos ser transformados y librarnos de este terrible mal que permanece oculto o latente en la vieja naturaleza de Adán.

Entonces, ¿qué puede hacer Dios para lograr este cambio tan necesario en nosotros?

Permítanme compartir con ustedes lo que creo que son algunas de las herramientas de Dios para crecer en nuestras vidas y fortalecer nuestro carácter.

1. Dios permite que nos enfrentemos a pruebas y dificultades. Todos somos probados en nuestro carácter. A veces, nuestras pruebas son muchas y dolorosas. Cuando enfrentes múltiples pruebas en tu vida, recuerda siempre que Dios no intenta hacerte daño. Te está transformando a su imagen.

2. La prueba de nuestra paciencia. La impaciencia demuestra inmadurez. Las personas impacientes suelen ignorar a los demás sin pensarlo. ¿Has notado alguna vez cómo tiendes a romper las reglas cuando tienes prisa, algo que normalmente evitarías si mantuvieras la calma y la serenidad? Claramente, Dios quiere moldear nuestras vidas desde adentro.

3. Nuestras decisiones y elecciones diarias: Tomar atajos. Tomar atajos eventualmente nos pasará factura. Los atajos en la vida tienden a privarnos del desarrollo genuino del carácter. El desarrollo del carácter es verdaderamente la base para un gran futuro. Sin una base sólida, no podemos construir un futuro significativo. Tomar el "camino largo" nos deja con una sensación de logro y fortalece nuestro carácter. Cuando decidimos tomar el atajo hacia cualquier cosa, sólo nos hacemos daño y nos negamos la valiosa lección de la perseverancia en nuestro crecimiento.

Jacob finalmente llegó al lugar donde se encontró con Dios (un ángel) y se encontró con alguien más inteligente, más grande y más fuerte que él. Fue en ese momento de su vida que Jacob se transformó.

A menos que tengamos un encuentro cercano con Dios mismo, nuestras vidas seguirán cayendo en los mismos patrones. Recuerda, nuestra mente y nuestro corazón deben cambiar para que la transformación suceda. Si esto no ocurre, nada cambiará.

Si alguna vez te preguntas por qué te suceden las mismas cosas una y otra vez, ¡no te lo preguntes más! Mi pastor solía decir que si quieres seguir obteniendo lo que estás obteniendo, ¡sigue haciendo lo que estás haciendo! La necesidad de un cambio de adentro hacia afuera es el clamor sincero del Espíritu que anhela celosamente dentro de nosotros.

Así que, para terminar, si estás enfrentando situaciones difíciles ahora mismo, recuerda que Dios te ha apartado para la transformación. Nehenah.

45

¡Prospera Donde Estás Ahora!

"Hubo hambre en la tierra, además de la primera que hubo en los días de Abraham. Isaac fue a Gerar, donde estaba Abimelec, rey de los filisteos. Entonces el Señor se le apareció y le dijo: "No desciendas a Egipto; habita en la tierra que yo te diré. Habita en esta tierra, y yo estaré contigo y te bendeciré; porque a ti y a tu descendencia daré todas estas tierras, y cumpliré el juramento que le hice a Abraham, tu padre. Y multiplicaré tu descendencia como las estrellas del cielo; daré a tu descendencia todas estas tierras; y en tu descendencia serán benditas todas las naciones de la tierra, porque Abraham obedeció mi voz y guardó mi precepto, mis mandamientos, mis estatutos y mis leyes." (Génesis 26:1-5)

La historia de Isaac me recuerda muchas experiencias que he tenido en mi caminar con el Señor. Hubo momentos en que la presión influyó mucho en mis decisiones y, sinceramente, no siempre tomé las decisiones correctas. ¿Te has encontrado alguna vez en esta situación?

Siempre he creído que la presión es una de las herramientas más poderosas de Dios para moldear nuestro carácter y ayudarnos a convertirnos en el tipo de hombre o mujer que Él desea. Las personas más influyentes que han tenido un impacto significativo en la sociedad son aquellas que han enfrentado mucha presión.

Aquí hay algo que vale la pena saber y destacar: La presión puede ser tu mejor aliada o tu peor enemiga.

Siempre que me encuentro con alguien que se queja constantemente de lo difícil que es la vida en el trabajo o en alguna situación, mi primer instinto me dice que se está preparando para algo más grande.

A nadie le gusta el dolor, las dificultades y la confusión en su vida personal. La mayoría de la gente no ve el valor de la adversidad, pero es increíblemente beneficiosa. Por eso, la tentación siempre es hacer todo bien y tomar todas las precauciones para asegurar que las cosas salgan bien; sin embargo, la presión suele encontrarnos. ¿Te ha pasado?

El diccionario Webster define presión como: 1) El acto de presionar, o la condición de ser presionado; compresión; apretar; aplastar; como la presión de la mano; 2) Una fuerza o impulso contrastante de cualquier tipo; como la presión de la pobreza; la presión de los impuestos; la presión de los motivos sobre la mente; la presión de la civilización; 3) Aflicción; angustia; agravio; 4) Urgencia; 5) Impresión; sello; carácter impreso.

Al meditar en estas definiciones de presión, se dará cuenta de que la presión juega un papel crucial en moldearnos hacia la imagen que Dios quiso darnos.

Sin presión, nunca seremos conmovidos al lugar correcto ni seremos desafiados lo suficiente como para poner a prueba nuestra fortaleza espiritual, la sabiduría recién descubierta en la palabra de Dios y las convicciones y principios que Dios nos ha dado. En resumen, ¡la presión es perfecta!

Repasemos brevemente la historia anterior. Isaac se enfrenta a la presión; ha llegado una hambruna y debe tomar una decisión. Isaac dice: «¡Son tiempos difíciles y debo hacer algo antes de que lo perdamos todo! Creo que hablaré con Abimelec, el rey de los filisteos, a ver qué consejo me da. O tal vez debería ir a Egipto y posponer todos los planes de Dios hasta que pase esta hambruna. Después de todo, Dios no se enojará conmigo; Él lo entiende: ¡es una hambruna, por Dios! ¿Para qué complicarme las cosas a mí mismo, a mi familia y a mi negocio? Déjame ir a refugiarme en Egipto por un tiempo».

Escucha al Señor, que conoce nuestros corazones:

Entonces el Señor se le apareció y le dijo: «No desciendas a Egipto; habita en la tierra que yo te diré. Habita en esta tierra, y yo estaré contigo y te bendeciré; porque a ti y a tu descendencia daré todas estas tierras, y cumpliré el juramento que le hice a Abraham, tu padre. Y haré que tu descendencia se multiplique como las estrellas del cielo; daré a tu descendencia todas estas tierras; y en tu descendencia serán benditas todas las naciones de la tierra, porque Abraham obedeció mi voz y guardó mi precepto, mis mandamientos, mis estatutos y mis leyes».

Dios le dijo a Isaac: «No desciendas a Egipto; habita en la tierra que yo te diré. Habita en esta tierra, y yo estaré contigo y te bendeciré...». Estas palabras de Dios a Isaac fueron palabras de destino. Dios le dijo a Isaac: «Quiero hacer algo profundo en tu vida, Isaac. ¡Por favor, no arruines mis planes! He estado esperando que enfrentaras esta hambruna. No tomes el atajo; no tomes la salida fácil. ¡Que esta hambruna se convierta en tu mayor oportunidad! Además, estaré contigo y te bendeciré. Puedo cuidarte incluso en circunstancias difíciles. Puedo hacer que las cosas sucedan, aunque tus ojos naturales vean lo contrario. ¡Yo soy Jehová Jireh, tu Proveedor!»

Queridos amigos, necesitamos aprender a prosperar donde Dios nos ha puesto. Nunca se ha tratado de hambruna, dificultades, condiciones difíciles, innumerables tentaciones, la situación financiera agotadora ni los altibajos emocionales. Todo se ha tratado de forjar y desarrollar nuestro carácter. ¡Todo ha sido para nuestro beneficio! Isaac finalmente lo entendió. Nehenah.

46

¿Por Qué Me Siento Conmovido?

"Isaac rogó al Señor por su esposa, pues era estéril; y el Señor le concedió su petición, y Rebeca, su esposa, concibió. Pero los hijos se debatían entre sí dentro de ella, y ella dijo: "Si todo está bien, ¿por qué estoy así?". Fue, pues, a consultar al Señor. Y el Señor le respondió: "Dos naciones hay en tu seno, dos pueblos serán divididos desde tus entrañas; un pueblo será más fuerte que el otro, y el mayor servirá al menor." (Génesis 25:21-23a)

¿Alguna vez has sentido una sutil confusión o una profunda inquietud en tu interior? A pesar de que todo parece normal por fuera, hay mucho caos en tu interior. Exteriormente, todo parece estar en su lugar. El sol sigue saliendo por el este y poniéndose por el oeste, pero tu corazón se siente descontrolado y tu mente da vueltas sin encontrar una respuesta a tu estado caótico. ¿Qué es esto? ¿Cómo se llaman momentos como estos?

Al meditar en esta parte de la Escritura, me enteré de que Rebeca estaba embarazada y que todo parecía ir bien con el embarazo. Entonces, ¿qué la llevó a preguntarse: "Si todo está bien, ¿por qué estoy así?". El texto deja claro que, por fuera, todo parecía estar bien, pero por dentro, una emoción se despertaba. Es característico del Señor guiar a su pueblo de esta manera.

He notado, al menos en mi propia vida, que cuando mi corazón se conmueve de forma extraña, suele ser porque algo en mi vida o en mi esfera de influencia necesita atención. En esa misma sensación o inquietud incómoda, Dios puede decirme: "David, algo no está bien. Tómate el tiempo para arreglarlo". Dios es misericordioso y clemente; Él nos mostrará el problema.

Verás, Dios gobierna los corazones de los hombres, y cuando Dios quiere o desea que algo suceda, solo tiene que conmovernos emocionalmente para que actuemos. Nos hace amar u odiar algo. Nos hace levantarnos o sentarnos. Nos hace caminar o correr tras algo. Es la manera que Dios tiene de hacer que las cosas sucedan en nuestro mundo.

Esta emoción que Rebeca experimentaba era significativa. Sabía que algo pesaba en el corazón del Señor. Necesitaba una respuesta sincera, y nadie más podía proporcionársela. Así que hizo lo que cualquier sabio seguidor de Dios haría: **"...fue a consultar al Señor"**.

Dios le reveló a Rebeca lo que sentía. Le hizo saber que llevaba gemelos en el vientre. **"Dos naciones hay en tu vientre..."** y que se avecinaba un tremendo conflicto. No es de extrañar que estuviera angustiada y atribulada durante su embarazo.

Amigos míos, Dios nos guía ante todo por su Espíritu. Ya sea que estemos en perfecta paz o angustiados por algún asunto, siempre conocemos la voluntad de Dios para nuestras vidas por la paz que sentimos en nuestros corazones. Nuestra paz es nuestra medida. No lo olviden nunca.

Debemos tomar decisiones de liderazgo en este mundo, ya sea en el trabajo, la familia, el ministerio, la escuela o incluso la política. Nuestras vidas pueden parecer normales desde nuestra perspectiva, pero debemos escuchar la voz de Dios. Es muy posible que Dios esté diciendo algo profundo y sutil a nuestros corazones.

Antes de sacar conclusiones sobre cómo te sientes, busca primero a Dios y deja que te revele el porqué de tus emociones. La decisión de Dios siempre traerá paz a nuestros corazones. Una decisión egoísta, por otro lado, a menudo nos traerá confusión y angustia espiritual. Nehenah.

47

¡Por Qué Dios Quiere Llevarte de Paseo!

Aquel mismo día, al anochecer, les dijo: «Pasemos al otro lado». Después de despedir a la multitud, lo llevaron en la barca, tal como estaba. Había también otras barcas con él. Se desató una gran tempestad de viento, y las olas azotaban la barca, de modo que ya se anegaba. Él estaba en la popa, durmiendo sobre una almohada. Lo despertaron y le dijeron: «Maestro, ¿no te importa que perezcamos?». Entonces se levantó, reprendió al viento y dijo al mar: «¡Calla, enmudece!». Y el viento cesó y se hizo una gran calma. Pero él les dijo: «¿Por qué tienen tanto miedo? ¿Cómo es que no tienen fe?». Y temieron con gran temor, y se decían unos a otros: «¿Quién es este, que hasta el viento y el mar le obedecen?». (Marcos 4:35-41)

En nuestro caminar diario con Dios, a menudo pensamos que la vida será tranquila y nunca creemos realmente que algo nos hará daño. Después de todo, decimos que somos hijos e hijas de Dios.

A menudo he escuchado a algunos del precioso pueblo de Dios hacer todo tipo de confesiones incómodas, principalmente en el ámbito metafísico. Sacan una Escritura de contexto y afirman basarse en ella por fe. Después de rogarle y rogarle a Dios por un milagro, este nunca llega. Entonces se quedan perplejos y sienten que Dios les ha jugado una mala pasada. Creo que gran parte de esta necedad proviene de predicadores y maestros carnales en el cuerpo de Cristo hoy.

¿Hay Una *Alfombra Roja* Para Nosotros?

Entramos en la vida confiados en que Dios nos respalda y que cada paso se sentirá como una "alfombra roja". ¡Hasta cierto punto, es cierto! Sin embargo, caminar con Dios nunca se ha centrado tanto en nuestros resultados externos como en nuestro crecimiento interno.

Proverbios 4:18 dice: **"Mas la senda de los justos es como la aurora, que va en aumento hasta que el día es perfecto".** He aquí un hecho: Nuestras vidas se iluminan cada día más a pesar de lo que sucede a nuestro alrededor. Nuestras situaciones difíciles, tentaciones abrumadoras e inseguridades revelan nuestra verdadera condición humana y muestran nuestra profunda necesidad de la provisión de Dios a través de su Hijo, Jesús.

Creo que el crecimiento espiritual y la ascensión (dominio) ocurren mediante las sinceras invitaciones de Dios a cabalgar con Él "al otro lado". ¿Alguna vez te han invitado a cabalgar con Él?

¡Cabalgando sobre las Alas del Viento!

Las Escrituras en Marcos 4 muestran que todos los discípulos estaban dispuestos a subir a la barca con Jesús y cruzar al otro lado. Estaban tan emocionados por navegar con Jesús que nunca pensaron que les sobrevendría algo negativo; después de todo, ¡Jesús estaba en la barca!

No sabían que este breve viaje con Jesús y la intención de cruzar al otro lado no eran solo físicos, sino espirituales. Cruzar al otro lado significaba pasar de varios estados espirituales. Estos estados incluyen pasar del miedo paralizante a una fe vencedora, del orgullo a la contrición y la humildad, de la arrogancia al quebrantamiento, de intentar confiar a descansar en su tremendo poder. ¡Qué lección!

Estemos dispuestos a admitirlo o no, nuestras vidas siempre enfrentan el desafío de alinearse con el plan de Dios. Cada vez que enfrentamos la adversidad, esta presenta una oportunidad para fortalecer nuestra fe. También creo que cada desafío es permitido porque Dios sabe que podemos manejarlo, ¡no evitarlo!

Cuando tu corazón puede decirle a Dios con sinceridad, incluso antes de que comience el día, que caminarás con Él pase lo que pase, ¡estás en el camino hacia una vida plena en Dios! Me mantendré cerca de ti, Señor Jesús, en las buenas, en las malas y en las malas. Si puedes decir esto con sinceridad, entonces estás en camino hacia una vida plena en Dios.

Que esto traiga paz a tu alma: Nunca se trata del destino; se trata de las valiosas lecciones que aprendes y en quién te conviertes en el camino. Recuerda que el otro lado no es solo geográfico; es otra clave para nuestra transformación a la semejanza de Cristo. Nehenah.

48

¡Sigue la Imagen de Dios Para Ti!

Después de esto, la palabra del SEÑOR vino a Abram en una visión, diciendo: «No temas, Abram. Yo soy tu escudo, tu recompensa será sobremanera grande». Pero Abram respondió: «Señor DIOS, ¿qué me darás, ya que ando sin hijos, y el heredero de mi casa es Eliezer de Damasco?». Entonces Abram respondió: «Mira, no me has dado descendencia; de hecho, un nacido en mi casa es mi heredero. Y he aquí, la palabra del SEÑOR vino a él, diciendo: «No este te heredará, sino uno que saldrá de tus entrañas te heredará». Luego lo sacó afuera y le dijo: «Mira ahora al cielo y cuenta las estrellas, si puedes contarlas». Y le dijo: «Así será tu descendencia». Y creyó en el SEÑOR, y se lo contó por justicia. (Génesis 15:1-6)

Vivir por fe es esencial en el reino de Dios. Es la economía del cielo, y no vivir por fe significaría abandonar todo lo que Dios te ha dicho y mostrado a lo largo de tu camino con Él.

La Biblia afirma que Dios es Espíritu, y cuando interactúa con el hombre, le habla a su ser interior (el hombre espiritual). Es en este ámbito donde Dios revela imágenes proféticas de qué, dónde y cómo tu vida puede y potencialmente resultará si decides creer y seguir su guía.

Una vez que vemos la imagen que Dios ha revelado a nuestros corazones, es hora de actuar conforme a lo que nos ha mostrado. Cabe destacar que cuando Dios se revela en nuestros corazones con una visión de nuestro futuro potencial, debemos ponerlo a prueba con la emoción de la paz. Si sentimos paz completa en nuestros corazones, entonces es Dios. No hay necesidad de dudar: ¡es el Señor hablando!

En el caso de Abram, Dios le había hablado en el pasado. Dios le había prometido muchos descendientes. La promesa era segura y la visión, clara, pero las circunstancias externas de Abram contaban una historia diferente: la de no tener descendencia. ¿Puedes ver el contraste?

Entonces, ¿qué se supone que debía hacer Abram? Hizo lo que la mayoría de nosotros hacemos. Nos rebajamos de la visión espiritual (que Dios le dio al principio) a una visión natural (gobernada por las circunstancias externas). El error en esto es que dejamos que lo "natural" dicte nuestro futuro inspirado y previsto por Dios.

¡La Intención Original de Dios Renovada!

Volver a ver a Dios es la única solución para nuestro desvío en nuestro camino. Solo Dios mismo puede realinearnos y restaurar su favor. Abram sugirió que Eliezer de Damasco, uno de sus sirvientes, fuera el heredero en el plan de Dios. Esta idea no le sentó bien a Dios: «**Y he aquí, la palabra del SEÑOR vino a él, diciendo: "No te heredará este, sino uno que saldrá de tu propio seno te heredará"**».

Una vez más, Dios decide revelarse a Abram y aclarar el malentendido que había oscurecido su intención original. Escuchen esto: «**Entonces lo sacó afuera y le dijo: "Mira ahora los cielos y cuenta las estrellas, si las puedes contar". Y le dijo: "Así será tu descendencia"**». Una vez que entendemos de nuevo la intención de Dios, nuestras vidas pueden seguir el camino que Dios ha determinado, con la conciencia tranquila.

La Escritura dice que [Abram] creyó en el SEÑOR. Creo que necesitamos llegar a un punto en el que la visión de Dios se arraigue plenamente en nuestro corazón. Debemos ser disciplinados para escuchar su voz y actuar en consecuencia cuando nos enfrentemos a las numerosas encrucijadas en nuestro camino con Dios. Con todo tu ser, sigue la imagen que Dios te dio. Nehenah.

49

¡Sigan Firmes Hasta Que Dios Intervenga!

"Pero Moisés dijo al pueblo: "¡No teman! Estén atentos y vean la salvación que el SEÑOR hará hoy por ustedes; porque los egipcios que han visto hoy, nunca más los volverán a ver. El SEÑOR peleará por ustedes mientras ustedes guarden silencio." (Éxodo 14:13, 14)

"Escuchen, todo Judá, habitantes de Jerusalén y rey Josafat: así les dice el SEÑOR: "No teman ni se acobarden ante esta gran multitud, porque la batalla no es de ustedes, sino de Dios." (2 Crónicas 20:15)

"Cuando el enemigo venga como un río, el Espíritu del SEÑOR levantará bandera contra él." (Isaías 59:19b)

En cuanto a la guerra espiritual, el creyente nunca debe olvidar que Dios nos fortalece desde dentro y nos favorece enormemente contra todos nuestros enemigos. Aunque la batalla continúa y continuará, Dios siempre levanta un estandarte contra el enemigo.

Cuando todo parece ir mal, Dios proveerá recursos sobrenaturales como favor, gracia y la capacidad de vencer toda oposición. Al final, Él será el único que permanecerá en pie.

¡Una Perspectiva Celestial!

Algo que he aprendido en mi breve caminar con Dios es esta perspectiva celestial. Perspectiva celestial simplemente significa ver la vida como Dios la ve o ver la vida desde la perspectiva de Dios.

Tenemos una perspectiva terrenal que influye en nuestras decisiones según lo que sabemos, vemos y oímos naturalmente. Por ejemplo, podríamos notar con nuestros ojos naturales que las cosas se están deteriorando. En términos naturales, sentimos que estamos a punto de enfrentar una situación extrema. Algunos llaman a esto sentido común, y hasta cierto punto, es cierto. Por favor, comprendan que no estamos abandonando el sentido común; simplemente estamos invitando la perspectiva de Dios a nuestra visión natural. ¿Entienden lo que quiero decir?

Ahora bien, cuando la perspectiva celestial de Dios se integra en nuestro dilema, todo cambia. Colosenses 3:1-4 habla de que los creyentes estamos escondidos en Cristo y en Dios. Nos escondemos detrás de Cristo. Tener una perspectiva celestial significa esto: ¡Nos escondemos detrás de Jesús! A medida que el Señor revela lo que sucede en nuestro mundo natural, nuestra perspectiva terrenal cambia. Entonces vemos el "panorama general", como algunos lo llaman. ¿Lo ven? Ruego que lo hagan.

La semana pasada, tuve un sueño profético que fortaleció mi fe, y creo que también te sucederá a ti.

Mi sueño ocurrió en un gimnasio de baloncesto donde jugaba un partido individual con un desconocido. Me pareció extraño, casi como si fuera de otro planeta. Uno de nosotros lanzó el balón y fuimos a por el rebote; ambos lo agarrábamos con una mano y luchábamos por él, pero ninguno lo cedíamos. Así que decidimos reiniciar el partido. Al comenzar el segundo, alguien lanzó el balón y rebotó en el aro. Saltamos a por el rebote y volvió a ocurrir lo mismo. Agarramos el balón suelto con una mano y luchamos por él, pero ninguno cedimos. Recuerdo que pensé: "¡Me va a arrancar el balón de la mano y voy a perder!". Seguí agarrándolo, y él también. De repente, soltó el balón justo cuando pensé que lo perdería. Empezó a sujetarse la mano con dolor, y su brazo empezó a ponerse blanco. Le pregunté: "¿Puedo ayudarte?". Respondió: "¡No!". Luego cayó al suelo y murió. Fin del sueño.

This dream relates to the spiritual battle most believers face every day. Godly decisions, choices, and actions are at the heart of our lives. We must remain committed to choosing to do God's will. Learn to see things from God's heavenly perspective; it requires a deliberate choice.

If you find yourself amid an intense battle, don't let go of the Lord! Don't rely on your own strength, wisdom, or ability. Keep abiding in Him despite what you see or feel. Remember, God will lift a standard against the enemy. When you think you are about to lose, God will step in and deliver you! Neh'enah.

50

El Arte de Escuchar Diligentemente
¡El Sonido que Instruye!

"Porque el Señor da sabiduría hábil y piadosa; de su boca provienen el conocimiento y la inteligencia." (Proverbios 2:6 NVI)

"Si escuchas atentamente la voz del Señor tu Dios, y te esfuerzas por cumplir todos sus mandamientos que yo te ordeno hoy, el Señor tu Dios te exaltará sobre todas las naciones de la tierra. Y todas estas bendiciones vendrán sobre ti y te alcanzarán si escuchas la voz del Señor tu Dios." (Deuteronomio 28:1, 2)

Todo secreto que tú y yo necesitemos para alcanzar el éxito se encontrará en el lugar secreto de la oración; ¡sí, en el lugar secreto del Altísimo!

Dios ha reservado la sabiduría y el conocimiento para todo aquel que esté dispuesto a buscarlos. Ha sido ocultado a los orgullosos, pero revelado a los quebrantados y contritos. Sí, quienes se dejan guiar por ella no carecerán de nada bueno. ¡Disfrutarán de la abundancia de la tierra!

¡No hay voz como la de Dios!

Quiero destacar los siguientes versículos de Deuteronomio 28:1, 2.

Hay un tipo de creyente que ha sido moldeado y guiado por la voz de Dios y no seguirá a otro. Estos creyentes caminan con confianza, victoria y prosperidad todo el tiempo. Todo lo que hacen y tocan parece convertirse en oro. ¿Por qué? Porque han dominado la habilidad de escuchar atentamente la voz de Dios.

Ahora bien, escuchar la voz de Dios no se trata de oír versos poéticos ni palabras que riman; se trata de la capacidad de reconocer el sonido que guía.

Cuando Dios habla, siempre es para instruirnos. Dios nos encuentra para guiarnos, ya sea con palabras de sabiduría, conocimiento, mandamientos o preceptos. Él nos conoce mejor que nadie, incluso a nosotros mismos. Siempre habrá nuestro camino y el suyo, y podemos elegir qué "sonido" seguir.

Si elegimos escuchar la voz de Dios, la Escritura nos asegura que "¡vendrán bendiciones sobre nosotros y nos alcanzarán!". Sin embargo, si descuidamos, ignoramos o nos burlamos de su voz, seremos alcanzados por maldiciones causadas por nuestra desobediencia: **"Pero si no escuchas la voz del Señor tu Dios, para cuidar de cumplir todos sus mandamientos y sus estatutos que yo te ordeno hoy, entonces todas estas maldiciones vendrán sobre ti y te alcanzarán."** (Deuteronomio 28:15)

He llegado a la conclusión de que si un hombre o una mujer de Dios se deja enseñar por Él, los resultados serán significativos. Estos siervos tienen el potencial de impactar profundamente sus vidas y las de los demás.

Dedicar tiempo a aprender de la boca de Dios es una disciplina que pocos dominan. Los últimos 40 años lo han demostrado en nuestra cultura y sociedad estadounidense. Me atrevo a decir que, como nación, ¡estamos pagando un alto precio por ello!

Escucha, solo tenemos una vida, y es muy breve. ¿Por qué no dedicarla al arte de escuchar atentamente la voz del Señor y luego permitir que nos moldee según lo que Él cree que es mejor para nosotros? Nehenah.

51

¡La Casa de Dios!

"Y si el Espíritu de aquel que levantó a Jesús de entre los muertos mora en vosotros, el que levantó a Cristo de entre los muertos también dará vida a vuestros cuerpos mortales por medio de su Espíritu que mora en vosotros." (Romanos 8:11 - Nuevo Testamento de Weymouth)

Es sorprendente cuántas personas tienen respuestas para todo cuando se enfrentan a esta vida natural. Todo lo que a un hombre le falta se puede encontrar en Google, en la biblioteca o en la librería local.

La sección de desarrollo personal está llena de autores que nos prometen (si se ponen en práctica) avances significativos en negocios, salud, dietas, ejercicio, finanzas y más.

Además del desarrollo personal, también descubrirás numerosos estudios de diversas culturas y ciencias, sin mencionar un sinfín de ideas y filosofías en casi todos los aspectos de la vida práctica.

Debo admitir que personalmente he aprovechado estos maravillosos regalos que nos han presentado en forma de libros escritores de todo el mundo. Miles de años de sabiduría y comprensión se encuentran en estas páginas, escritas en blanco y negro. Qué bendición tener todo esto disponible para nosotros.

Ahora bien, no soy de los que critican los principios educativos, especialmente los bíblicos. He llegado a valorar y amar el concepto del aprendizaje y la aplicación basados en principios. También he observado tanto lo bueno como lo malo en personajes de la Biblia. Gracias a Dios por los escritos antiguos: «Porque todo lo que se escribió desde tiempos antiguos, para nuestra enseñanza se escribió, a fin de que por la paciencia y la consolación de las Escrituras, tengamos esperanza» (Romanos 15:4).

Quiero compartir la realidad de una vida espiritual a través de este devocional de hoy.

Una vida espiritual se centra en el espíritu. El espíritu del hombre reside en lo más profundo de su ser. Este es el lugar donde el Espíritu Santo de Dios viene a morar en el cuerpo humano.

Es vital que cada siervo de Dios comprenda cómo vive, se mueve y existe el Espíritu Santo de Dios en su interior.
Comencé mi devoción a destacar los grandes beneficios de la información proveniente de diferentes culturas, ciencias y más, para compararla claramente con lo que estoy a punto de mostrarles.

La información natural nutre el alma (mente y emociones) del hombre. La revelación espiritual nutre el espíritu (el ser más íntimo, la casa de Dios) que habita en el ser humano.

Un alma hambrienta y desesperada no puede encontrar respuestas leyendo libros, asistiendo a sesiones de terapia (a menos que sea una sesión de liberación bíblica) ni asistiendo a servicios religiosos, porque el alma no puede calmar la feroz tormenta que la atormenta. La paz solo puede ser dada por Dios a través de su Espíritu en tu espíritu. Todos los problemas de nuestra vida se originan en nuestro espíritu y alma.

Si nos dejamos guiar por el espíritu, experimentaremos vida y paz; si nos dejamos guiar por el alma (carnal), experimentaremos muerte. «Porque ocuparse de la carne es muerte, pero ocuparse del Espíritu es vida y paz» (Romanos 8:6).

Ayudar a alguien con problemas emocionales sin el Espíritu de Dios es ineficaz. En esencia, esa persona no tiene problemas emocionales; está atrapada por la falta de poder espiritual y revelación. Cuando permite que el Espíritu de Dios entre, more y tome el control, ¡será libre!

La información general puede ayudarnos a tomar decisiones, a afrontar la angustia o a cultivar relaciones. Sin embargo, habrá momentos en que, a menos que el Espíritu de Dios nos agite con una nueva revelación de Cristo, no podremos experimentar gozo ni paz.

Estar en la casa de Dios significa estar en Cristo. Estar en Cristo significa que, por nuestra propia decisión, Él ha entrado en nuestros corazones por medio del Espíritu Santo; le hemos permitido entrar, y ahora somos la casa de Dios.

Para concluir, prioriza siempre el cuidado de tu espíritu (la casa de Dios), luego de tu alma (mente) y, finalmente, de tu cuerpo, el templo de Dios. La sabiduría aconseja: "¡No descuides ninguno de estos!" Neh'enah.

52

¡Al Camino!

"Y sucedió que, yendo hacia Jerusalén, pasaba por Samaria y Galilea. Al entrar en una aldea, le salieron al encuentro diez hombres leprosos, que se pararon a lo lejos. Y alzaron la voz y dijeron: "¡Jesús, Maestro, ten misericordia de nosotros!". Y cuando los vio, les dijo: "Vayan, muéstrense a los sacerdotes". Y mientras iban, quedaron limpios." (Lucas 17:11-14)

Cuando pienso en estos diez leprosos encontrándose con Jesús en esta aldea, me conmueve la importancia de este increíble milagro. Para nosotros hoy, esta historia nos sirve de modelo para alcanzar nuestras metas y ser testigos de los resultados.

Por favor, recuerden esta sagrada declaración y dejen que penetre en lo más profundo de su ser: Y mientras iban, quedaron limpios. ¿Lo captaron? ¿Pueden verlo? La cosa en cuestión, en este caso la lepra, abandonó sus cuerpos cuando fueron a presentarse al sacerdote.

Así que, podemos decir con seguridad que los milagros provienen de la obediencia. ¡Sigue tu espíritu!

En esta devoción, quiero hablar sobre obedecer nuestro anhelo interior.

¡Obedecer el Corazón de Dios!

Muchas cosas nos llaman, pero no todas se manifestarán. Tendremos muchas ideas, pero la mayoría se quedarán en el camino. No es quien sueña en grande quien logra el sueño; suele ser quien se levanta después de soñar y da pequeños pasos hacia él. ¡Él estará sentado con reyes!

En mi vida, he conocido a algunas personas con grandes sueños y visiones: personas con pasión y propósito para cambiar su mundo, junto con muchos deseos y metas. Sin embargo, a pesar del fuego en sus corazones, muchos de esos sueños se quedan en meros sueños. ¿Por qué?

Antes de compartir mis sentimientos sobre este tema y entrar en más detalles, permítanme revelarles una realidad aleccionadora que he presenciado personalmente y que sigo viendo a diario...

Cerca de mi sede ministerial, se encuentra uno de los cementerios más importantes de nuestra región. Durante los momentos de oración, suelo pasar por allí. Mientras camino y oro, empiezo a pensar en cuántas personas (que ahora están enterradas) cumplieron sus sueños.

Hay personas de todas las edades y razas, y todas tienen sueños: ¡algunos cumplidos, otros no! Yo no querría irme de este mundo con mis sueños enterrados, ¿y tú?

¡Escucha Atentamente!

Puedes tener una gran filosofía de vida, pero si no la vives, ¡no tendrás éxito! Puedes tener todas las revelaciones sobre cómo funciona o debería funcionar algo, pero si no actúas, ¡no sucederá nada!

Quizás incluso tengas ideas sobre cómo formar una familia, hacer amigos para toda la vida, recaudar fondos, tener tu propio negocio, manuales sobre cómo tocar un instrumento y libros para ser más influyente. Aun así, ¡no llegarás a ningún lado si no practicas ni actúas según la información proporcionada! ¡El sueño no se hará realidad!

Esto es lo que he descubierto: ¡La magia [el milagro] comienza a manifestarse cuando nos atrevemos a vivir el sueño que llevamos dentro! Si empiezas a practicar tu sueño, la magia se activa y todo empieza a encajar. A medida que practicas paso a paso, la formación comienza a tomar forma y, sin duda, estás en el camino correcto. Al actuar, ¡comienzas a ver la belleza de tu sueño!

En tu plan para cumplir tu sueño, incluye algunos costos por los contratiempos (es prudente esperarlos), pero no dejes que eso te desanime. Permítete experimentar algunas decepciones en el camino; ¡estarás bien! Simplemente mantén la determinación y sigue adelante.

Deja que tu sueño te transforme en una mejor persona. Deja que le agregue valor a tu vida a través de los desafíos que enfrentas. ¡Sigue avanzando hacia tu sueño, no te detengas! Aunque tengas que arrastrarte para alcanzarlo, ¡hazlo! Prefiero avanzar poco a poco que vivir con arrepentimiento por no haber seguido adelante y no haber superado tus metas.

¡Una Advertencia!

En 1994, hace aproximadamente 30 años, mi mentor me enseñó una de las lecciones más importantes sobre confiar en Dios sin importar cómo se viera la situación. Permítanme compartir esta reflexión:

Recientemente habíamos pasado por una importante división en la iglesia y en nuestro ministerio local, y la situación se estaba poniendo difícil, especialmente en cuanto a finanzas, obreros y ayudantes cristianos, y apoyo en general. La moral de nuestro ministerio estaba muy baja y, sinceramente, abandonar el barco nunca había parecido tan tentador.

Al reunirnos para orar esa madrugada a las 5 a. m., el Espíritu del Señor habló a nuestro pastor principal, nuestro líder, con palabras proféticas de consuelo. Luego me llamó a su oficina y, con lágrimas en los ojos, me dijo: «David, el Señor me mostró que debemos mantener el rumbo. Aunque las olas parezcan grandes para nuestro pequeño barco, debemos seguir enfrentándolas. Dar la vuelta a estas alturas solo haría que volcaramos nuestro barco al intentar dar la vuelta. Debemos enfrentar las olas». También añadió: «El Señor me aseguró que la salida más corta de una tormenta es atravesarla, ¡no dar la vuelta y regresar!». Mantuvimos el rumbo, y la tormenta no tardó en pasarnos. ¡A Dios sea la gloria ahora y por siempre! No dejes de creer en lo que llevas dentro. ¡Es el plan de Dios para ti! ¡Que su visión guíe tu espíritu! Nehenah.

Para Ordenar Mas Libros
Escritos Por David Mayorga,
Favor de Visitar La Pagina:

www.shabarpublications.com

www.ingramcontent.com/pod-product-compliance
Lightning Source LLC
Chambersburg PA
CBHW030242010526
44107CB00030B/1308/J